元心语 著

民主与建设出版社
·北京·

© 民主与建设出版社,2019

图书在版编目(CIP)数据

别让不好意思害了你 / 元心语著. — 北京:民主与建设出版社,2019.8
ISBN 978-7-5139-2580-8

Ⅰ.①别… Ⅱ.①元… Ⅲ.①心理交往—通俗读物 Ⅳ.① C912.1-49

中国版本图书馆 CIP 数据核字 (2019) 第 155877 号

别让不好意思害了你
BIE RANG BUHAOYISI HAILENI

出 版 人	李声笑
著 者	元心语
责任编辑	彭 现
装帧设计	尧丽设计
出版发行	民主与建设出版社有限责任公司
电 话	(010)59417747　59419778
社 址	北京市海淀区西三环中路 10 号望海楼 E 座 7 层
邮 编	100142
印 刷	大厂回族自治县彩虹印刷有限公司
版 次	2019 年 9 月第 1 版
印 次	2019 年 9 月第 1 次印刷
开 本	880mm×1230mm　1/32
印 张	6
字 数	140 千字
书 号	ISBN 978-7-5139-2580-8
定 价	39.80 元

注：如有印、装质量问题，请与出版社联系。

在生活中，很多人被"不好意思"牵着鼻子走：

当他们需要求助的时候，他们"不好意思"张口，于是不管多大的困难都咬着牙一个人来扛，结果自己却没有能力走出困境；

在面对他人的无理要求时，他们"不好意思"拒绝别人，结果自己常常出力不讨好，麻烦不断；

他们"不好意思"大胆推销自己，即使遇到了千载难逢的好机会，他们也会因羞于表现自己而错失良机，结果造成很大的遗憾；

他们总是"不好意思"赞美、奉承他人，总是一副正直严谨的样子，结果反而成了众人嫌弃的"冷漠"人。

其实，"不好意思"是一种失败的心理习惯在作祟。这种心理习惯根深蒂固，常常让人们深受其害。

恭顺谦和、礼貌谦卑一直都是中华民族的传统美德，我们从很小的时候就开始潜移默化地受这种传统思想的影响。在懵懂的年龄，父母就开始给我们灌输这样的思想：不要争，不要抢，吃亏是福。受此影响，许多人开始不问世事，遇事不积极，说话、做事总是感觉不好意思，习惯于凡事委曲求全，把"不好意思"当作逃避现实的借口，并以"佛系"标榜这种"不争不抢、忍气吞声"的做法。

此外，造成不好意思的原因还有很多，比如：长期以来的"好人情结"；自卑心理所引起的讨好行为；爱面子；心理脆弱；被扭曲的价值观；被爱绑架，依赖成了习惯；等等。这些都会使你常常将"不好意思"挂在嘴边。

然而，随着社会的发展，时代的进步，目前人类的生存越来越遵循丛林法则，适者生存、弱肉强食之下，不好意思已经是懦弱、无能、自卑的代名词。在如今复杂的社会环境下，如果时时事事都不好意思，那么只会让自己被别人利用，被现代社会适者生存、弱肉强食的社会法则抛弃，在被动落后的局面中越陷越深。

事实上，生活中的大部分烦恼的根源在于你的"不好意思"心态。我们每天都在被不好意思伤害着，积少成多，长期如此，就会造成大灾难，一辈子积累下来，就会让你彻底失败。

要想改变这种现状，让自己的处境发生质的改变，我们首先要改变自己"不好意思"的心态。

本书结合现代社会学、心理学、行为学等领域的一系列最新理论研究成果，深入浅出地探讨了造成"不好意思"心态的原因，以及因此带来的危害，并通过列举大量贴近生活的案例，总结了很多实用的摆脱"不好意思"心态的方法。本书从"推销自己""适当恭维""主动说服""适时拒绝""委婉发泄""含蓄批评""学会反击"等角度，理论联系实际，帮助读者意识到"不好意思"带来的危害，丢掉"不好意思"的想法，改掉"不好意思"的坏毛病，学会拒绝别人的不合理要求，学会赞美和沟通，不腼腆、不回避、不被动、不妥协、不迎合、不憋屈、不懦弱，掌控自己的人生，做内心强大的自己。

相信通过阅读本书，你能够抛下面子，不被面子束缚，做一个不辜负自己、不违背自己本意的"好意思"的人，不再受到"不好意思"的伤害，学会掌控自己人生和生活的节奏。

Chapter1　为什么我们会不好意思——失败的心理习惯在作怪

"好人"情结：把别人的需要放在第一位 / 002

自卑心理：通过讨好别人来获得肯定 / 008

脆弱心理：内心不够强大 / 013

习惯性思维：无条件付出导致自我意识丧失 / 017

被扭曲的价值观：认为苦劳就是功劳 / 022

Chapter2　超越不好意思——解放被面子束缚的心灵

违背自己的心意，只会带来痛苦 / 028

委屈自己不一定能换来想要的幸福 / 033

学会拒绝是一个人成长的必修课 / 038

会发脾气的人，才更有拒绝力 / 042

坚持原则，让你的拒绝更有力 / 045

Chapter3 "酒香也怕巷子深"——不善于表现，就不会引起注意

准备富有特色的自我介绍 / 050

敢于在团队中发声 / 054

幽默感让单调的工作变得有趣 / 059

职场语言：简洁、精练、职业化 / 063

时常注意社交礼仪 / 067

Chapter4 美言计——没有人拒绝适当的恭维

赞美是人际关系的黏合剂 / 072

赞美有"度"才完美 / 076

不要把赞美变成了奉承 / 080

不动声色的赞美，更能深入人心 / 084

要学会背后说别人好话 / 087

Chapter5 巧言说服——打动人心的说服最有效

欲进先退，好感让说服变得更容易 / 092

动之以情，打动人心更好说服 / 095

"移植"意见，将你的想法变成对方的意愿 / 097

剥茧抽丝，诱导对方否定自己的不当观点 / 100

Chapter6　适时拒绝——别让"勉强自己"成了一种习惯

无声回应，沉默是最好的拒绝 / 104

截话拒绝，表明态度使对方知难而退 / 108

拖延战术，时间也可以成为拒绝的理由 / 114

未雨绸缪，提早把麻烦挡在门外 / 118

营造环境，让对方产生心理压迫感 / 122

Chapter7　委婉发泄——每个人都有表达不满的权利

软中带硬，使对方无力还击 / 128

以柔克刚，用"和气"灭掉对方的"火气" / 131

顺水推舟，用隐形的反击来化解窘境 / 134

Chapter8　含蓄批评——会批评可以不伤人

巧妙暗示，激起对方内疚心理 / 138

话中有话，让对方主动改正错误 / 141

幽默式纠错，批评也可以变得很轻松 / 144

主动分担错误，有助于对方自我反省 / 147

善用对比法，让对方认识到自己的不足 / 151

Chapter9　学会反击——一味忍让只会带来更大的伤害

假装糊涂，巧妙地摆脱对方的纠缠 / 154

转移话题，摆脱尴尬被动局面 / 156

巧用比喻法，让反击有理有节 / 159

用类比推理法，让对方知难而退 / 162

Chapter10　无声胜有声——说不出口的话用肢体语言来代替

拒绝可以有多种表达方式 / 166

用躲避的眼神表明拒绝的态度 / 171

给对方制造一种不舒服的感觉 / 176

Chapter1
为什么我们会不好意思
——失败的心理习惯在作怪

大多数中国人害怕不被别人接纳，这大概是群体文化导致的族群心理特征。这就导致生活中出现了很多老好人，他们与人为善，常常通过牺牲自己的利益或者原则来营造一种和谐的氛围。但是，常言道，"过犹不及"，任何事物或者原则超过一定的范围或界限，就会起到相反的作用。

"好人"情结：把别人的需要放在第一位

你的身边是不是有这样一类人：只要有人向他提出请求、邀请，不管他有多忙，不管这能给他带来怎样的麻烦、不快，付出多少代价，他都会照单全收；在工作中，他总会完成一些自己能力、职责范围之外的任务，尽管这常常令他应接不暇，感觉分身乏术……然而，他的那些让别人满意的付出，却不能让自己真正感觉幸福快乐。这是为什么呢？

这其实就是所谓的好人情结，它是一种心理偏差。

小朱辞职了，打电话向同事告别。同事很伤感，对他说："小朱啊，我们都不舍得你走啊。以前你在的时候，这么热的天气，总会帮我们买冰和可乐，现在你走了，尽留下一些懒人，可苦了我们。"听了同事这话，小朱特别郁闷。为什么？因为他突然明白了自己被迫辞职的真正原因。

刚进公司的时候，为了搞好同事关系，小朱表现得很积极，做事勤勤恳恳。每天上班他都早早地来到公司，拾掇台面，清扫办公室,还时不时帮同事们带早餐。每逢休息日值班,只要有人开口,他都愿意帮忙,为此他变成值班专业户。小朱成了大家公认的"大好人"。接下来的事情,基本上是每个"大好人"都会遭遇到的。小朱的任务渐渐增多,接着他感到有些力不从心,觉得自己做得够多了,想拒绝一些跑腿的任务,可是没想到,马上埋怨就来了:"摆什么架子嘛!快去快去,我们等着用呢!"碍于情面,小朱只好继续跑腿。

这样事情多了,难免出乱子。有一次主管差他去车站接亲戚,他实在无法拒绝,只好领命,谁料刚出公司大门就被经理碰上。经理问:"你这是去哪啊?"小朱不敢说实话,便答:"出去招工。"后来经理知道了事情的真相,把小朱狠狠训了一顿,说他缺乏最起码的诚信。小朱见自己的形象毁了,在公司待着也无趣,只好递交了辞职请求。

一个大好人就此黯然离场。想想这样的经历,也就难怪小朱郁闷了。刚进公司时他若没有依着那些懒人,没有做那华而不实的老好人,就不会有那么多烦人的事,或许就不会落得如此下场。事实上,生活中几乎每个人都会有与小朱类似的经历和烦恼:做大好人做到过劳死,变成佣人、庸人;想拒绝做大好人吧,又怕遭人埋怨,或担心自己被误会为不合群。这种心理很矛盾,很多人无所适从,不知道怎么办才好。

这其实就是一种好人情结在作怪。何谓好人情结？简而言之，就是认为只有通过做大好人，才能得到他人的认可和肯定，获得友谊。这是一种很复杂的心理现象，但非常常见，几乎每个人都有过这样矛盾的心理感受。

这种好人情结的形成，可以追溯到童年时期的某些经历。回想我们的经历，观察生活中孩子的成长过程，我们便会发现其中的端倪。当我们的行为叛逆时，会被教训和批评，被认为是坏孩子。而当我们表现出服从时，就会得到这样的赞美："啊，你真是个好孩子！"要做一个好孩子，这种引导给了我们最初的好人情结。稍大的时候，我们又被教导，要做好人，才会被社会认可。在不断的教育和引导中，做好人逐渐成为一种信念，进入人们的自我概念中，变成了大家性格的一部分。

做好人当然是很好的信念，但如果这种信念走向极端，问题就来了。小朱的头脑里所形成的信念就是极端的：他太把做好人当回事了。他将自己能否受欢迎，完全归结于某方面的原因，比如人是否做得好。这就是极端的思维。我们大多数人的头脑里，都有这样的极端思维和信念。这种极端的思维和信念是怎么来的？了解好人情结的形成过程，你就会明白其中的奥妙。

众所周知，每个听话、顺从的人都会被贴上"好"的标签，这是从小时候就开始的事情。父母、老师和其他长辈不断地告诉我们，要做一个好孩子、好人。多年的经历和教训，似乎也在告诉我们，只有好人才会受到人们的肯定、欢迎，被人接纳。

我们的思维逻辑就这样逐渐形成：好与听话、顺从联结在了一起，好与肯定、认可联结在了一起。于是听话、顺从与肯定、认可联结在了一起。这还是正常的思维发展。但是下面我们开始极端起来。因为进入社会，我们需要肯定和认可，所以我们必然就想到听话和顺从。这就是你不懂拒绝、不敢拒绝、不善拒绝的秘密所在。

我们逐渐放弃拒绝，而选择接受和顺从，并由衷为自己能够成为这样的"好人"而倍感欣慰。别人夸我们一句"哎呀，你真是个好人"，可能就会让我们头脑发热，失去理智，稀里糊涂就答应对方的请托。等到反应过来，我们又难免后悔莫及，埋怨自己糊涂。

为了消除内心的挫折感，我们便会自我安慰："我是大好人，怎么可以有怨念呢？助人为快乐之本，能够帮人家的忙，我应该高兴才是。"这样的自我肯定，多少有点儿自欺欺人的味道，但不可否认，它真的很有效。一时之间，我们被自己说服了，内心的好人情结得以强化。

虽然做好人很累、很苦，生活和工作压力都可能会很大，但我们的心里有时可能还会觉得挺美，乐在其中，回味无穷，并进行积极的自我赞赏。这些自我赞赏和肯定，会不断强化我们心中的好人情结。经过一次次的自我强化，我们晋级了，从好人变成老好人，服从、接受成了我们的一贯原则，从此再也不会拒绝。

习惯的思维模式和行动模式一旦形成，老好人就好像变成了圣人。他总是把别人的需要放在第一位，始终在争取周围每个人的认可，努力想让每个人都高兴。他从来不会对别人说"不"，可谓有求必应，急人之所急，即便他自己的事情忙不过来，也总能够接受他人的请求，帮助他人做事。他总是希望满足每个人的需求，让对方满意。

老好人往往助人为乐，任劳任怨，总能帮别人的忙，具有良好的服务意识和牺牲精神。他们被人们称赞，然而他们的生活似乎并不好过，因为不懂拒绝，不会拒绝，他们时常陷入忙碌的事务中，焦虑地活着：既为自己的事情担心，又为别人的事情操心，哪能不焦虑呢？

但是我们都知道，人力有时而穷，无论是个人能力，还是个人精力，都不是无限的。面对无数的请托，老好人也会有吃力的时候，那老好人会怎么样？身心痛苦之余，他会想要拒绝，但他的思维和行动习惯里都没有"拒绝"这个词，因为他总觉得要是拒绝帮助别人的话，那么自己辛辛苦苦建立起来的老好人形象可能会就此毁掉。这种认知普遍存在于老好人的身上，拒绝他人成了破坏自我美好形象的举动，有这样的认知，又怎么可能去拒绝呢？

于是，面对种种请托和要求，他们来者不拒，照单全收，最终累到半死。

不可否认，这样做可以获得别人的好感，并且可以避免跟别人发生不快，但是付出的代价太高了。由于老好人为人太好，不懂拒绝，所以别人可能会利用老好人的好心好意，甚至欺骗他。为了始终保持好人形象，老好人不能表现出愤怒和不悦，不管这样的情感表露多么正当。长期压抑自己的不良情绪，老好人的心理容易失去平衡，变得扭曲和怪异。

所有的老好人性格都难免出现问题，有心理咨询人员总结出老好人的性格变化过程：十几岁的时候觉得完美；二十多岁觉得还不错；三十多岁开始时时冒怨气；到了五十多岁，怨气大了，有时让人不敢靠近；六七十岁时，这人就完全陷入埋怨情绪中，感叹为什么做了一辈子好人，就是没人爱他？

老好人形象通常都有扁平化特点，给人平庸的感觉，让人觉得这样的人缺乏某种深度和清晰度。老好人确实不会讨人厌，但性格没有清晰的棱角或轮廓，很少给人留下深刻印象。著名作家简·奥斯汀的描述准确地刻画了人们对老好人的微妙但消极的反应："她不过是个好脾气、热心肠的年轻女人，我们很难讨厌她，因为我们根本没把她放在眼里。"老好人因为缺乏个性，常被人们忽略，甚至成为无关紧要的人物。基于这样的认识，老好人常被当作庸人和佣人，那就一点儿都不奇怪了。

看一看，你的好人情结严重吗？如果特别严重的话，就要注意锻炼自己的拒绝能力。按照著名心理学家荣格的理论，情结属于无意识范畴。这就意味着我们要改变情结的负面影响会有很大的难度。你做好准备了吗？

自卑心理：通过讨好别人来获得肯定

38岁的苏女士是个好人，作为家中的独女，她要照顾年迈的父母。她在当地的一所学校教五年级，她自己的孩子也在那里就读。她还是学校的骨干教师，备受上级好评。除了学校的这份工作，苏女士还兼职会计，为丈夫的咨询公司记账。尽管工作忙碌，平时回到家，她依然自己下厨，每天都准备丰盛的晚餐招待丈夫和孩子们，有时还会为丈夫的客户做饭。她还加入了某个慈善组织，并且负责了大部分的工作。

苏女士看起来精力似乎很充沛，活力四射，然而令人没有想到的是，她竟然走进了心理诊所。怎么回事呢？她告诉心理医生，她都不记得自己最后一次对别人说"不"是何时了。她说她现在的压力很大，可能无法再这么劳碌，要放下一部分工作。可是她的内心又充满忧虑，她担心失去自己辛辛苦苦建立起来的生活。

从小时候开始，苏女士就十分头疼自己的体重问题，现在她更加着急，对心理医生说："按照健康体重的指标，我足足超重50斤，减掉后又长了回来，反反复复，都不知道多少次了。"她如此在意自己的体重，竟是因为担心别人笑话和嫌弃她。

她说："小时候其他的孩子都取笑我，管我叫矮冬瓜、肥妞儿。他们嫌弃我，不愿跟我玩，我心里特别希望能够加入他们。爸爸妈妈告诉我，只要你对其他人好，其他人自然就会接受你，跟你玩。于是我对别人格外好，尽可能让人满意，这样做真的很有效。如果我放弃这样做，因为我的样子的缘故，他们肯定会嫌弃我。"

长大了之后，苏女士始终没有改变这样的认识，她一直很努力对人好，希望能让人满意："我乐意为别人做事，只希望他们不会因为嫌弃我的样子而疏远我。即便明知道对方利用我，我也不会拒绝。我认为能被人利用，其实就证明了我的价值。"

苏女士的话里，有没有你自己的某些情绪和认识的影子？好吧，不承认没有关系，那我们来分析苏女士的情况。很明显，苏女士同样遭遇了不能拒绝症，我们姑且称之为不能拒绝症。为了能够获得他人的肯定，小的时候，她就拼命讨好他人。长大了，尽管她的能力不凡，积极做事，很有活力，似乎没有什么问题，但她依然没有走出幼时的困扰，因为她做事的动力依旧是为了讨好他人，以获得他人的肯定。她是通过这种方式来建立自己的自尊和自信的。

讲到这里，想必你会感觉有些问题，同时也会发现自己似乎也有这方面的困扰。是的，你的感觉没有错。问题就在于通过讨好人、取悦人的方式，建立自己的信心和尊严。因为自卑于自己的缺陷，便期待通过讨好人来重拾信心和勇气。这是绝大多数人的办法。但是在此提醒，这是一个愚蠢的办法，表面上有效果，而实际上会让你的心理状态变得更加糟糕。

通常我们每个人都会有点儿自卑情绪，这种自卑来源可以是多方面的。其中最为普遍的来源，就是自身的一些缺陷和不足。有生理上的缺陷，比如肥胖、明显的残疾或畸形、丑陋的相貌、干枯的头发或者矮小的身材等；还有心理上的缺陷，比如觉得自己笨、没知识或者没钱等。这样的缺陷比比皆是，几乎每人都有。而因为这样的缺陷，让我们感到不光彩，每个人都难免有几分担忧和自卑情绪。

这个时候，不少的人便会像苏女士一样，担心别人会因缺陷嫌弃自己，然后基于好人情结的认知模式，便会觉得自己要讨好别人，让别人满意，这样才能获得认可。用心理学的话说，就是把有关自我的消极情感投射到别人身上。他们还可能用讨好进行防御，以补偿自己所认为的外表或性格上存在的严重缺陷。

其实，真正的缺陷不在于外表或性格，而在于采取的应对策略。为了避免他人因缺陷而嫌弃自己，便放弃拒绝，努力做事去迎合对方、讨好对方。表面上这样做能为人际状况带来好局面，但实际上其个人的自尊也不断地被侵蚀。

想象一下，一个没有拒绝能力的人，在不断地接受和服从当中，逐渐地失去自尊，成为别人随意驱使的奴仆，为别人的需求而活。这样的情形是不利的有什么可怀疑的吗？毋庸置疑。所以，企图通过取悦于人获得他人的尊重和认可，是不靠谱的。你认为自尊可以通过乞讨获得吗？显然这是极其荒谬的想法。

即使对方真的认可你讨好他的做法，你的自尊仍会受到削弱，因为你会把他的认可归功于你为他做的那些事，而不是你作为一个人的价值。你会想：他之所以喜欢我，仅仅是因为我对他好，为他做了很多事。有这样的思想，你的自尊如何建立呢？

更何况，如果在你讨好人的时候，别人还是嫌弃你，不认可你，那么你的错误信念就会得到印证，使你更加坚定地以为你根本就不配得到别人的认可。这无疑是在自己的伤口上撒盐，你的自尊伤口会变得更深。然而可悲的是，好人情结严重的你可能还是无法觉醒，依旧认为取悦于人的做法会帮助你获得他人的认可。为了避免再受到鄙夷和嫌弃，你以后会更加努力地满足他人的需求，以讨好对方。

生活中还有不少的人，面对他人的冷遇和亏待，总希望通过为对方做一些事情，以讨好对方，从而赢得对方的重视。这种做法的效果其实很不好，只是人们思维里就有这样一根筋，认为这样绝对有效。殊不知，这种讨好行为很多时候只会鼓励对方加强对你的虐待，他很可能会希望你为他做更多的事情。

这种情况最常见于情人闹别扭之时，当我们为了让情人回心转意，而采取一些讨好的做法，结果等来的往往不是对方的回心转意，而可能是得寸进尺，他会更加坚持不理你，让你做更多事情来讨好他，或者直接一去不复返，让你陷入深深的后悔，为你的所作所为付出惨痛的代价。相反，当你能够坚定拒绝情人的无理取闹，丝毫不讨好时，却可能会让他对你另眼相看，从而慎重地对待你。这大概是情人相处中的特异心理学。

其实，这种奇怪心理在普通的交往过程中同样会有：当你对他好，他可能懒得理你；当你对他不屑一顾，他则可能会心生不甘，反而对你产生一丝兴趣。当你拼命做事讨好他，他甚至会觉得你这个人真是傻，好指使，没头脑；可你要是埋头做自己的事情，而不去讨好他，能够拒绝他，他反而会觉得你这个人与众不同，做人有原则、有胆气，因而对你表示尊重。

所以，不要期待通过讨好人来获得他人的尊重和认可，更不要将自尊建立在他人的认可上。你要认识到，你最需要得到的认可，源于自己，而不是别人。别人的认可无法让你拥有尊严，只有你认可自己，你才会有尊严。当你着手处理让你感到羞耻和惭愧的问题，并把你作为人的本质价值跟你的缺陷区分开来时，你的自尊伤口就会开始愈合。

一个人能够获得尊重，是由于他所具有的独立精神人格和自主能力。坚实的尊严和信心的建立，同样基于独立自主的意识和能力，任何依靠讨好人获得他人的认可所建立起来的所谓自尊感，都是虚幻不实的，随时都会被他人的否定击溃。

脆弱心理：内心不够强大

夏女士是一个非常好的人，好到所有人都赞美她作为家庭主妇的温驯品德。但这个好人却找到了心理咨询师，讲起自己的困惑：她觉得自己在强大人物的面前如此的渺小，就好像擦鞋垫一样，所以她总是逆来顺受，缺乏自主能力，不敢拒绝别人的要求。她意识到自己的内心似乎存在着某种复杂的恐惧情结。

观察夏女士的行为，咨询师发现她总是蹑手蹑脚地行动，给人一种小心翼翼的感觉，特别是在面对男士的时候，表情充满温柔笑容的她，却总是少言寡语。

夏女士说："我对周围的男士有些害怕，对上司很害怕，对官员也很害怕，对强壮的人会害怕。我怕惹怒他们，但是他们真的很强大，很有力量，我很羡慕有力量的人。小时候我的爸爸就很有力量，但是他的脾气很暴躁，他喝醉时，其实他每晚都喝醉，他就会大叫大嚷，并且动手打我妈妈。"

她很崇拜父亲的力量，同时又很害怕父亲。妈妈吩咐她千万别跟爸爸顶嘴，别跟爸爸对着干，妈妈告诉她要顺从父亲的意愿，免得遭受打骂,伤害到自己:"他说什么你就做什么。你要笑着答应他。当他说了些恶毒的话时,你会很难受。但是你要记住,你爸爸其实是爱你的,他说那些胡话完全是因为酒精的作用。"

于是很小的时候,夏女士就学会了讨好让她感到恐惧的父亲。在她的印象中,似乎男人总是充满力量,很容易暴躁;他们一旦狂怒,所爆发出的破坏力量让她感到恐惧。因为强烈的恐惧,让她逃避冲突,屈服于强大的力量。每当面对她认为强大的人时,她就很容易接受对方的要求。在她快满18岁的时候,她爸爸去世了,但她奇怪而又矛盾的心理却没有消除,一直跟着她。

她的丈夫是一名政府官员,她很爱她的丈夫,但她一直都很担心会惹怒他。她说:"我害怕我丈夫发火,但是很奇怪,我却从来没见过他发火!他从来不生气,我们也从来不吵架。我们对任何事情都不会深谈,因此也就不会争论。不管他说什么或想要什么,我一概同意。我想,那就是我跟他一直保持和睦关系的原因。"

经过了十几年的婚姻生活,夏女士已经很清楚丈夫并没有坏脾气。但是即便如此,夏女士心中的恐惧感依旧无法放下:"既然他到现在都没有发过脾气,那很可能他以后也不会,但是我似乎仍然无法改变自己的反应。如果他做了什么让我心烦或不满的事情,我从来不会跟他说。我只是告诉自己,无论什么事都不能争吵。"

夏女士接受了心理治疗,并鼓起勇气把自己的事情告诉了丈夫。丈夫叹气说:"你知道吗?这么多年来,我时常感到孤独,虽然我发表任何看法你都认可我，从来就没有二话，但是这让我感到高兴的同时，心里也有些孤独。我觉得我们缺乏沟通，而你并不是真正理解我的看法，只是因为我是你的丈夫，你才无条件支持我。但我知道你竭尽全力地想当一个最贤惠的妻子。为了让我高兴，你什么都愿意做。但是，亲爱的，你从来不让我看到真实的你，从来不告诉我你真正的感觉是什么。你把那一切都删去了，因为你害怕我会发火。我又何尝不是如此呢！我也很担心将心中的不快坦白会让你无法接受，最终破坏彼此之间的感情。"

多么和睦、体贴的一对夫妻！如此体贴的夫妻俩竟然也会有心理障碍，彼此不敢进行沟通，这让很多人感到奇怪。然而越是奇怪，就越让我们投入目光，这或许能够帮助我们了解自己，找出不能拒绝的真正原因。案例中的夏女士也是一位不懂拒绝的人士，导致她不能拒绝他人的心理因素是比较复杂的，其中包括崇拜心理、恐惧心理、逃避心理等，这些复杂的心理状况还涉及她的童年情结。她的体贴和温顺的行为，其实大部分都是基于这种复杂的负面心理状况。

夏女士很幸运，她嫁了一个好丈夫，幸好她的丈夫是一个明事理的人，没有因她的百依百顺而提出更多的要求，也没有像她父亲痛打她母亲那样对待她。她在生活当中也没有遇到心肠不好的人，否则的话，无论她如何屈服和顺从，恐怕都无法避免要受到伤害，因为她的内心不够强大,缺乏拒绝能力。内心软弱的人,会落入恶性循环的怪圈:因为内心软弱,所以不敢拒绝,不敢反抗;因为不敢拒绝和反抗,所以变得逆来顺受,不断让步;因为逆来顺受和不断让步,导致内心愈来愈软弱。

习惯性思维：无条件付出导致自我意识丧失

　　许多哲学大师告诉我们，要学会接受，要学会付出，但是接受太多，付出太多，并不见得是好事，尤其是当接受和付出成为习惯时，则可能会让你失去人生的自主权。如果你不想被别人当作佣人而忽略掉，就不要让接受和付出成为固定习惯，有些时候要学会拒绝，这样对方才会明白美好生活来之不易。

　　习惯这个东西，就和时间一样，具有改变一个人的强大力量。生活中很多事情都是这样，你习惯这么做，然后别人就会习惯这么做的你，当彼此习惯了，也就不觉得有何特别，那么你原本为了获得别人注意的突出表现，最终也会被习惯变成了"应该"。这个时候，你难免就会感到委屈。但是这又能怪谁呢？只能怪你自己，谁叫你将这一切变成习惯的。

　　我们可以接受生活中的磨难和痛苦，接受各种不顺，但是我们不能总是一副接受的样子。那样的话，我们身上的负面能量就会变得越来越多。过多的负面能量会让我们匍匐人生路，压抑我们的自主灵魂，使得我们失去昂扬的精神和斗志。所以在接受和付出即将成为习惯时，要懂得及时喊停，懂得说"不"。我们不能把人生全部交给"接受"，交给"付出"，而应将其中一部分交给"拒绝"，交给"收获"。这才是完整的人生，也只有如此，我们的自主意识才会稳固成长。

苏拉是个家庭主妇，挣钱养家全靠丈夫努力工作，所以她相信自己有责任从丈夫进门那一刻起，就照顾好他，直到他上床睡觉。同时，她认为家里面的琐事应该由自己负责起来，不让丈夫操心。除了照顾丈夫，家里还有4个孩子。因为苏拉小时候家境比较困难，父母分别上白班和夜班，所以她那时的内心充满孤寂，很希望能够得到父母的陪伴。现在她成了母亲，对自己的孩子特别好。为了让孩子们可以自由成长，取得好成绩，过得开心，她包揽了所有的家务活，不许孩子插手和帮忙。

但是苏拉对丈夫和孩子的百依百顺，却没有给她带来好心情。多年来她努力满足家中每个人的需求，从来没有要求过家人的帮助或支持，这本让她很自豪，但是后来的事情，让她倍感沮丧。她患病住院治疗，医生嘱咐她，回家之后要卧床休养两个月，不宜劳作。苏拉看病回家，却遭遇了令她伤心的一幕：丈夫和孩子没有亲切的问候，也没有高兴的祝福，相反，他们对于苏拉生病所带来的麻烦深感恼怒和怨恨！

原本苏拉为自己生病而拖累了家人心中还充满内疚，但是看到家人的冷漠，她心中的内疚顿时化为了怒火：自己过去辛辛苦苦地付出，难道换来的就是这样的结果吗？为了应付眼前的困难，苏拉将母亲从老家请来，以帮助自己照顾家人。等她恢复健康后，她便把家人叫到一起，充满遗憾地说："下面我说的话，可能会让你们感到不舒服，但是我还是要说出来。儿子、女儿，你们调皮捣蛋没关系，但你们不能太自私；老公，你被惯坏了而不懂感恩，这完全是我的过错，但是从今天起，我们家的一切将变得不同。"

孩子们和丈夫听她说这些话，都惊呆了。苏拉说："从现在开始，我不会再替你们做事了，直到你们每个人能承担起照顾自己和照顾彼此的责任。你们知道吗？如果不是我病得这么厉害，我几乎无法看清自己的错误。以前我以为我把家人照顾得这么周到，我就是一个好妻子、好妈妈了。在我生病之前，我一直让你们以为，我不需要你们的任何帮助。我使得你们忽视我，纵容你们只考虑自己。"

她转过头来，对几个孩子说："孩子，我本打算自己操持好家务，好让你们把精力集中在学习和自己的活动上。我想让你们发挥出最大的潜力，不管是儿子还是女儿。我总是告诉你们要争取成功，要为了理想而努力。但是，我没有想到，我却给你们树立了坏榜样。我一直在教我的女儿们，女人就该逆来顺受！我一直在告诉我的儿子们，男人理应享受女人的百依百顺。现在我知道错了。我想，如果我不尊重自己，你们也就不可能学会尊重我。

"当我妈妈来照顾我时,她帮我做了一次严肃的态度调整。她希望我不要再惯着你们。她提醒我说,在我小的时候,尽管我们家经济相当困难,我们却彼此关爱和照顾。是的,确实如此,尽管小时候我的内心感到孤寂,但是我和家人永远不会忘记彼此关爱。现在我觉得自己培养的却是一帮不懂感激和关爱的讨厌家伙,因此我决定改变这一切。"

苏拉的开诚布公,让家人倍感羞愧,孩子们纷纷投入她的怀抱,希望得到她的原谅。特别是她的丈夫,对她感觉很抱歉。他们开始改变了,但是毕竟已经形成了接受服务的习惯,所以改变起来非常缓慢。偶尔苏拉会罢罢工,让他们做一做事,以提醒他们各自的责任。因为苏拉的改变,促使她的家人实现了自我改善,所以他们变得更尊重苏拉,也更加感激苏拉。

从某种意义上来说,苏拉生病是幸运的。因为生病,苏拉才看到自己的百依百顺和无条件付出所带来的不良后果。有鉴于此,不要让他人将你的付出和接受当作理所应当,不要总是把别人摆在第一位而忘了自己的需求,不要否定自我的权利。苏拉的故事很生动地说明了,当接受和付出成为习惯之后,对自己和他人都会产生负面影响。

生活中有很多像苏拉那样的人,勤劳能干,无怨无悔地付出,却不去计较自己的得失,这种品质自然是极好的。这种无怨无悔的付出行为，也得到了社会的推崇和文化的强化，但是在人们的意识和行动过程中，难免会走样，变得极端起来。就比如说苏拉，周围的人通常会认可她无怨无悔的付出，并努力地赞美她的能干。而得到肯定的她则会更加努力地接受付出的习惯，变得更加喜欢履行她给自己规定的职责，直至她意识到了她在付出怎样的代价。

当一个人将不计个人得失的付出当成习惯，当这个人的自我需求不断被压抑，她的心理健康就会受到威胁，通常都会出现严重的问题。想想，你有没有像苏拉一样的经历和心路历程？如果有这样的习惯，希望你能够觉醒并积极地寻求改变，就像苏拉一样。这不仅是对你自己负责，也是对周围的人负责。

被扭曲的价值观：认为苦劳就是功劳

为了证明自己的价值，获得更多的收益，我们都有拼命工作的倾向。然而事实上，做得多不等于价值大。做得多有时还可能会坏事，对人对己都没有好处。特别是对于我们自己而言，做得太多，所承受的压力也非常大。不可否认，一定的压力对于我们的性格成长会有好处，可以让我们更加坚韧，但是压力超限不利于我们的身心健康。

荣小姐在某公关公司担任特殊项目经理的职务。她的职责是为客户策划和协调所有特殊的活动。荣小姐对老板非常忠心，工作更是勤奋。老板在10年前雇用了27岁的荣小姐。那个时候很不幸，她的爱人出了车祸，刚刚过世没几个月，她变得抑郁，几乎无法找到工作。

"在我最难过和最痛苦的时候，我的老板给了我一个重新站起来的机会，这份工作让我找到了活着的价值和意义。"因此荣小姐非常感激现在的老板。感恩的心使得荣小姐对工作极度负责，变成了工作狂。无论什么工作，只要她认为很重要，就会尽力去做，这当然是极好的，至少她的老板是非常赞赏她的。然而她手下的两个助理却对她很不满。原来荣小姐工作太负责了，对各项工作的掌控简直到了令人发指的地步，从来不肯将那些重要的工作交给别人去做。只把一些最单调或最琐碎的杂活儿，比如装请柬、粘信封、把包裹或邮件送去收发室等，交给助理去做。

助理希望自己能够得到重视，做一些比较重要的工作，荣小姐却不同意："那样的话，要是你们把事情搞砸了，谁负责呢？现在这样，不是很好吗？如果出了什么严重的差错，我也不会怪你们。"荣小姐的话，让两个助理非常郁闷，虽然他们觉得这样会很轻松，但是他们觉得自己的职业发展会受到严重的影响。荣小姐很不理解下属："他们真傻，有好日子还不想过，非要给自己的工作加码。他们根本就不知道那些工作的压力有多大，有的时候会把人逼疯的。我不把这些工作交给他们做，也是为了他们好。"荣小姐的好心让助理很无奈，他们说："明知道这样做很傻，那么她为什么要这样做？把这些会把人逼疯的工作放在自己的身上，她岂非更傻吗？"助理没有说服固执的荣小姐，便找老板提意见，希望得到一些更重要的工作，而不是总是干杂活儿，因为那样会让他们觉得自己的存在毫无意义。他们希望得到学习和锻炼的机会，而不是成为表面风光的职员、杂役。

荣小姐的"勤劳"，让他人诟病的同时，也给自己的身心健康带来重大影响。每当有特殊项目来临时，荣小姐都会把自己扔进"高压锅"里。在这期间，荣小姐几乎没日没夜地工作，再三地检查每一个细节。在压力之下，荣小姐性情大变，成了"火药库"。一旦工作出了差错，她便会尖叫、咒骂、厉声地批评手下。尽管她说过，如果出了差错，她只会怪自己，但是事实上好几次她当场大骂他人的不是。结果她让同事们感到难受，自己也弄得疲惫不堪。等到工作完成之后，她又会为自己的恶劣行为感到懊悔，接着买鲜花或其他礼物，送给同事和助理以示歉意，乞求他们的谅解和宽恕，承诺自己下次一定会保持冷静。但是历史还是不断重演。

老板从来没有处罚过荣小姐，反而会替她向员工道歉，同时也会提醒大家："荣小姐是一个可以信赖的项目负责人，没有人能像荣小姐一样尽职尽责，她一定能够带领大家取得圆满的工作成效。"事实上也是如此，荣小姐负责的活动一般都非常成功，赢得了客户以及媒体的赞扬。因为荣小姐有能力让客户满意，所以老板似乎很理解也很欣赏她所承受的巨大压力。然而后来因为某事，公司不得不让荣小姐休假。在荣小姐休假期间，公司把特殊活动的策划外包。这时老板发现，荣小姐并不是不可或缺的。事实上，谁都不是。不久之后，荣小姐就被解聘。这时，荣小姐伤心了，她不理解："自己辛辛苦苦做了这么多，为什么还会被扫地出门？"

荣小姐的经历，你理解了吗？反思一下自己，我们身上都有荣小姐的影子。因为我们心里往往都会有这样的企图：做更多的事情，以证明自己存在的价值。荣小姐最初的动机可能并非如此，她开始的时候或许只是出于感恩心理，但是后来她的心态其实已经发生了改变，她需要价值实现来营造自我存在感。

每个人都有存在感需求，而每个人在满足自我存在感时，都会不约而同地选择价值实现的办法。只要能证明自己的价值，也就说明我们的存在是非常有意义的。每个人都担心自己成为无用的人，当自觉无用时，我们的内心必定充满沮丧的感觉。几乎无人会为自己的无用而欣喜，因为我们会认为无用就代表自己没有存在的价值。

荣小姐在丈夫去世而备感绝望的时候，是最缺乏存在感的。她希望用工作来改变这种状态，以证明自己存在的价值。然而心情低落、沮丧的她，却不被接受。在备感无助之时，老板聘用了她，给了她一个证明自己的机会，于是她的内心充满感激。

感恩心理和意欲证明自己价值的心理，让荣小姐积极投入工作当中，从而取得了极佳的业绩，因此也成了公司的骨干。但是与此同时，她已经变成了一个工作狂，养成了独揽全局、事必躬亲的习惯。她的内心形成了某种思维定式：只有通过这种独揽全局、亲力亲为的工作方式，我的存在才会有价值，我才是一个合格的项目负责人。

在实际工作当中，我们也经常会有这样的错误认知，认为只有忙碌地工作，做得尽可能多，才能证明自己的价值。"做得多，就等于价值大",我们的心里或许没有如此清晰的想法,但是我们的行为总是不自觉地表现出这种思想。当我们做了很多,却不被人认可的时候,我们会不甘心地说:"做了这么多,勤勤恳恳,就算没有功劳,也有苦劳吧!"

不夸功而历数自己的苦劳,这实际上就是"做得多等于价值大"的思想体现。然而,一个人的价值不能靠做得多来证明。以为做得多,自己的价值就大,这种人同样也会陷入不拒绝的心理陷阱中。只不过他们可能并没有意识到,就好像荣小姐那样,不懂拒绝苦劳,陷入无穷无尽的压力中,结果不仅使得自己身心疲惫,情绪失衡,还让他人感到不满。所以我们要改变"做得多等于价值大"的错误认知,修正我们内心的苦劳情结。在追求自我存在感和证明自我价值的时候,应拒绝过度的苦劳和压力,以免破坏良好情绪,损害身心健康。

Chapter2
超越不好意思
——解放被面子束缚的心灵

有的人在社交中如鱼得水,但是有的人却产生了社交障碍,这其中一个重要原因就是怕失掉面子,害怕不被他人接受,害怕遭到他人的拒绝,甚至批评、嘲笑,害怕遭遇尴尬的事情。这样的社交障碍纯粹是一种"死要面子活受罪"的典范。要想摆脱这种社交状况,就要挣脱面子的束缚,让心灵重回自由。

违背自己的心意，只会带来痛苦

周围的人对刘女士的印象都很好，说她热情大方，有人情味儿。因为她见到每一个人都有说有笑，从来不会让人心烦。而且，每一次与人交谈之后，她总不忘在结尾加上一句话，"有空来家里玩儿"或"到我家去坐坐吧"。

这样的话很熟悉吧，在生活中我们每个人都听到过这样的话，同时我们自己有时也会这样说，但是这话里有没有水分，很少有人去关心。因为我们知道，这样的话多半都是客气话，自然是有水分的，这无关真心与假意。尽管我们知道，这其中多半只是客套，但我们所有人都爱听，也都喜欢这么说。

刘女士也是这样，她习惯了用这样的话来表达自己的热情，大家听着感觉也很舒服，但没有人会没事真的跑到她家去玩。彼此都要客气，于是便只是嘴上虚应："好，一定去，一定去。"

当然没人当真，刘女士也不会当真。只是下次她就能更好表达热情，甚至能理直气壮地埋怨："你看看，说来我家玩的，我在家就盼着你来，可你总也不来。"

大家就笑:"这不是没空吗?有时间一定去。"

"那就说定了,下次一定要来哟。"

这样客套几句,彼此心情都很爽快,十分和谐。然而,这事情也有变故,有时客气话也会变成实在的事情。有的人就会把客气话当成真的。特别是当一个人遇到事情,有需要的时候,热情的客气话就成为事实。

刘女士也没想到,有一天她就为这样的事情为难了:有个朋友打电话给刘女士,说暑假打算带着孩子和狗,到她家里住三个星期。

一向热情的刘女士,当时头脑有些发懵。但顺着对方的话儿,她根本没好意思拒绝,竟然答应了对方的要求。放下电话,刘女士就头疼了。

这算什么事呢?好好的怎么惹来这样一桩麻烦?得,自认倒霉。她只能盼着朋友的到来不会给自己的生活造成困扰。只是,这可能吗?

果然,事情没有想象中那么开心,朋友的到来打破了她家宁静的生活。朋友的孩子特别闹腾,他喜欢站在沙发上蹦蹦跳跳。更糟的是,他这样做的时候,从不脱鞋子!这个小家伙每天都会在她家的几个房屋之间窜来窜去,就像一只不安分的小老鼠。可是她还不能批评他,她要是批评他,朋友的脸色就会变得难看起来。

更让她无奈的是,自家的女儿特别讨厌那个小男孩,他们之间已经爆发了好几次矛盾,或是为了玩具,或是为了美食,或是为了电视，总之他们根本无法和谐相处。女儿根本就没有"地主"的强势，竟被这个外来的小家伙欺负得落下了眼泪。

"是可忍，孰不可忍"，刘女士终于受不了了。她终于向朋友表示出了不欢迎的态度，并说出希望他们搬走的话来："平时我们喜欢陪伴朋友，但并不表示我们愿意成天和朋友生活在一起。很高兴见到你们，也希望你们能够在这里过得高兴。但是我现在感到很不高兴，那就是我们的孩子有矛盾，我的女儿现在很不开心。坦率地讲，我很愿意招待你们几天，但是三个星期的时间，实在太长。所以我希望你们能够离开这里，非常抱歉。"

说话的时候，刘女士有些尴尬，但话说出口之后，她心里一阵轻松。看到朋友离去，刘女士心中并非没有歉意，她发誓说，当初她说"常来家里玩儿"，这绝对是发自内心的邀请。只是她没有想到，对方当真要来了，还要住这样长的时间，她却无法接受了。尝到违心之痛苦的刘女士，依然很热情地说话，不过她不会再勉强自己，不会违心地答应他人，她懂得了坦诚地拒绝。

生活中我们也会遭遇这样的事情，亲戚朋友借宿，我们心中本不愿意，却不好意思拒绝，于是违心答应。结果便如刘女士那样，心里好似长了疙瘩，很不舒服。有的人或许会觉得，这是心眼小的缘故，她要真大方，也就不会这样纠结。这话听起来似乎很有道理，然而细细一想，就有问题了：你能确定世上的人都大方吗？难道说，心眼小点儿就该受到谴责，就该遭受这样的折磨？更何况深入地讲，这已不是心眼小不小的问题，即便是大度之人，也未必没有违心之苦，真正的问题在于违心许人。

违背自己的心意，是导致我们难受的根本原因。可以这么说，没有人能够在违心之事面前安之若素，即便表面平静，一副大度的样子，内心也难免有些波澜。任何一个人违背自己的心接受某件事，内心都会煎熬，而且这种感受肯定不会太好。但是在生活中的我们，偏偏常会遇到这样的事，明知道某件事违拗自己的心，却囿于种种原因，不能予以拒绝，总是无可奈何地接受，然后让自己备受折磨，进而陷入各种负面情绪和沉重的压力中。

可这又何必呢？其实只要说一声"不"，一切烦恼就会迎刃而解。你也许会反驳："这未免也太想当然了，说'不'当然容易，可你知道拒绝之后的后果吗？"是的，所有的问题实际上都是因为人们会考虑后果——那些尚未发生，便被我们推测出来将会发生的事情。我们担心拒绝之后，会让他人对我们失去信心，甚至因此否定我们。这其实是可以解决的问题，只要我们足够坦诚。

可是很多时候我们做不到坦诚，因为我们的心中有太多的顾虑。我们担心，即便自己坦诚，对方也无法理解我们。而事实确如我们所担心的那样，即便我们坦诚地告诉对方自己无法接受的原因，最终拒绝了对方的要求，也不代表对方会认可我们的拒绝。多数时候，对方只是在表面上接受我们的坦诚和拒绝，但其内心是不舒服的、失望的。有些人面对我们的拒绝，甚至连表面上的友好都欠奉，会直接表示不满。

对于这样的情况，急需拒绝的人应该有所了解，并调整自己的心态，采取恰当措施去应对、弥补对方的不满，而不是总想着讨好对方，让对方舒服，反过来拼命委屈自己。

委屈自己不一定能换来想要的幸福

有句俗话，叫"凡事不能太强求"。但到了当下这个时代，这话却不太被人认同了。有不少人认为这句话包含了消极的意味。然而当我们真正遇到了勉强的事情时，每个人的心里大约又都会浮现出这句话来。因为任何一个心理正常的人，都不愿意勉强做事情。心甘情愿，是每个人的追求。人们愿意做自己感兴趣的事情，而违逆本心，勉强行事，则总会有说不出来的难受。

有些研究者认为，人们在违背自身意愿的情况下做事情，会使本身的机体组织受到损害。就连微笑这种能让我们更加健康的行为，如果在勉强的情况下去做，也会对身体健康产生不利的影响。

德国法兰克福大学教授迪耶特·查普夫经过研究发现，并不是所有的笑都有益于健康，勉强地笑是对健康有害的，笑得太勉强可能导致人患上许多疾病。空乘人员、商店的售货员、呼叫中心的接线员、餐厅的服务员之类的服务人员，因为在工作中经常被迫微笑，这会给他们带来沉重的心理负担，最终是会影响健康的。

查普夫教授说："在研究中，我们发现服务员、接线员，他们在工作中经常会受到顾客'虐待'。其中一些研究对象,在受到客户的辱骂之后被允许反唇相讥,而另一些人只能保持始终克制,即使遭到不公正的对待,仍旧必须对顾客毕恭毕敬。结果证明,那些可以发泄不满情绪的研究对象在相对较短的一段时间内心跳很快,不过随后即恢复了正常,而那些仍旧必须对挑剔的客户们笑脸相迎的人,则在对方电话挂断后的很长一段时间内仍然心动过速,尽管他们表面上似乎没有什么事,实际上已经受到了严重的损害,这种损害还没有被及时弥补。长期如此,健康必然堪忧。"

由此可见,强颜欢笑尚且不利于我们的身心健康,更何况勉强去做其他的事情呢?事实上,生活中有很多事情都是不能勉强的。特别是诸如感情之类的事情,更是如此,常言道,"强扭的瓜不甜",勉强的感情当然也是不会幸福的。知道这一点,我们在表达感情的时候就要注意,不要勉强,以免给人造成不好的印象。

有些夫妻的感情破裂了,但他们很有责任感,总是想着为了孩子就凑合着过日子,以为这样虽然不幸福,但至少对孩子是有好处的。有这种想法和做法的人非常多,然而结果往往并不好。为什么这么说呢?

首先,夫妻双方的身心负担太重,心情压抑,得不到开解和释放,长此以往,必然影响双方的身体健康,甚至造成心理扭曲。其次,这种勉强的作为对孩子的影响也很不好。不要以为孩子还小,不懂大人的事情,看不透爸爸妈妈之间的貌合神离。就算夫妻俩演技再好，也总会不经意露出一些破绽来。当孩子察觉父母关系有问题，知道了真相，他会很快对家庭失去信心和信任。

实际上，当一段感情或婚姻走到尽头，你可以尽力去弥补、去挽回，但绝对不能去勉强，更不能想着凑合一下。如果感情不能挽回，那最好的办法就是双方放手，尽快结束它。你必须了解，感情是最不能强求的东西。然而，现实生活中有太多的人对感情放不下，于是找许多放不下的理由，想方设法去维持。可是感情破裂了，找理由有什么用？勉强更没有用了。

心理学家指出，人们放不下一段感情，其实并不是放不下那个人，而是放不下自己曾经的付出。人们在做决定的时候，最困难的往往不是理解自己该怎么做，而是找到放手去做的勇气。感情的事，勉强只会让两人都受委屈。所以感情走到了尽头，就不要去勉强。长痛不如短痛，此时一刀两断，是我们最应该做的事情。

追求一个人，维护一段感情，都不是可以强求的事情；自然，接受一个人的感情，也不是可以勉强的事情。

有个年轻人在家人的急催之下和邻村的一个姑娘相亲，其实他根本不喜欢她。本来他是想要拒绝的，可当他把自己的想法告诉父母后，父母对他说："这事情你自己做主，我们是不会给你拿主意的。不过，感情这种事情，要相处之后才知道。现在没有感情，以后在一起日子久了，就会有的。"周围的人也这样跟他说："现在没感情，不代表以后没感情，感情是相处出来的。"他想了想，觉得挺有道理的。再看看越来越苍老的父母整天还在愁眉苦脸地为他操心终身大事，他的心里就特别过意不去，于是他就答应了这门亲事。那姑娘也没什么主见，凡事都听家里的，婚事就这样定了下来。

订婚之后，两个人在一起的时间不过十天而已，然后就各奔东西了。姑娘与她的父母到南方去做生意，而这个年轻人则往北去。其间分居两地的两人也会凑时间相聚一下。然而，这样的事情竟然并没有成为期待，反而让年轻人感到烦恼，就好像完成任务似的。这样过了半年，年轻人发现彼此之间很难沟通，虽然每天都会打电话，但仅仅是打声招呼而已，基本上没有感情交流。半年时间，姑娘从未关心过他，而他也没关心过姑娘。所谓的"时间久了就会有感情"，根本无从谈起，最终年轻人退婚了。

现实生活中像那名年轻人所经历的一样的事情经常发生。每个人都想找一个有感觉、有共鸣的配偶，然而面对周围故作关心，却热衷于议论短长的人，面对父母有意无意的泪眼，面对周围人的压力，坚强的单身男女举手投降了。现实生活中，有多少人为了结婚而结婚呢？这个数字无法统计，但是这样的人绝不会少：为了了却父母心愿，为了给周围人一个所谓的交代，就这样开始了一段婚姻，一段感情。想想都觉得悚然，实在不知道这样的感情有什么意义。

从一开始，这样的婚姻，这样的感情，就染上了悲剧的意味。

勉强、凑合的心理，使它注定不会让人好受。世上许多事都可以勉强，可没有感情基础的婚姻是不能勉强的。有的人会选择凑合，表面上似乎很豁达的样子，然而由于违逆自己的本心，很容易导致心理失衡，最终影响身心发展。勉强的结果，怎可能有喜剧呢？所以请记住，不要太勉强自己，勉强不会舒服，更不会幸福。

学会拒绝是一个人成长的必修课

有个小伙子刚刚参加工作,姨妈就从遥远的家乡跑来看他。窘迫的小伙子没有更好的去处,只好陪着姨妈在城里四处逛了逛。很快就到了吃饭的时间,小伙子摸了摸口袋,发现自己身上只有50块钱。他很想找个小餐馆随便吃一点儿,可是他无法开口,因为姨妈相中了一家很体面的餐厅。小伙子不好意思反对,便硬着头皮跟姨妈进了那家餐厅。

两个人坐了下来,姨妈拿起菜单,征询意见,小伙子说:"随便,随便。"一只手放在口袋里,口袋里的50块钱已经被手心的汗水濡湿,他心中惴惴不安:"钱不够,怎么办,怎么办?"

丰盛的宴席,终于到了散场的时刻,彬彬有礼的侍者拿着账单走来。小伙子微张开嘴,说不出话来。

这时,姨妈拿过了账单,温和笑道:"孩子,我知道你的感觉,这也是我过去曾有的感觉。我想听你说'不',我以为你会比那时的我更有拒绝的能力,可事实上你跟过去的我一样傻,都不敢说'不'。你已经长大了,从此走入社会,你是一个独立的人,要

Chapter2 超越不好意思——解放被面子束缚的心灵

有自己的主张。所以你一定要勇敢一些,如果你无法接受一件事,那么就大胆地拒绝,不要有后顾之忧。"

生活中有种种原因,常让我们失去拒绝的勇气。就像故事里的小伙子那样,我们会要面子,会感觉难堪,也会担心他人的目光,因而"不"在心里,就是难以说出来,于是或勉强,或逞强,"按着驴头喝水",这岂能好过?

聚会的时候,常会遇到劝酒的事。有的人酒量不行,偏偏拗不过别人的要求,担心驳了对方的面子,于是为了让对方高兴,就强撑着饮酒,结果喝坏肠胃,喝进了医院。虽然在场面上或许能赢得他人的赞美,让人以为豪爽,但是在私底下有人却会说:"不能喝就别喝,非要逞强,还以为自己有多豪爽呢。死要面子活受罪,该!"

接受不了,也要勉强自己,这是每个人进入社会时都有的心理。人们在社会上遭遇的一切,以及周围人的经验传授,都似乎在告诉我们这些:勉强自己是一个人成长的必修课,通过勉强自己,让自己更好地与人交往,融入社会。

但是勉强是有限度的,我们能够勉强自己,但不代表我们能够毫无底线地勉强自己。过度的勉强,会让人失去本心和原则,这样就会失去自我。所以在勉强自己的同时,我们也要懂得拒绝,对过度的勉强说"不",对于我们而言,拒绝同样是一个人成长的必修课。

小崔在家具公司工作，收入还算不错，周围的人都很羡慕他。但是工作几年之后，薪水丰厚的小崔并没有多少积蓄。他的父母觉得奇怪，因为他们知道小崔的生活很简朴，吃穿也平常，应该没有大花销的。那么小崔的钱都是怎么花掉的呢？

答案很简单，请客。那家公司男性同事占大多数，女性同事没几个，平时工作压力大，于是下班后就去喝酒K歌，轮流请客。开始的时候，小崔不太想去，就是担心花钱，可是拗不过同事们的邀请。

别人请你，不去就是不给面子。再说大家都去，你要不去，你这是"独"，立马就被贴上不合群的标签，以后大家都会对你敬而远之。那就去吧，接受了别人的邀请，你总不能不表示，就这样白吃白喝白玩吧。那就只有回请。一回生两回熟，于是更加不好意思拒绝了。玩着玩着，原本"心眼有些小"的小崔就变得越来越大方，大方让他成了名副其实的"月光族"。

"你这傻孩子，"父母听小崔讲了自己的经历，脑门都发疼，就开始给他上课，"不想去就不去呗，你还担心别人怎么看你呢！说白了，还是你自己闲得无聊，自己想去，自己要面子，要逞强，反倒说要顾着别人的面子。以后要遇到这种事，首先你要问自己，这辛辛苦苦挣来的血汗钱容易不，心疼不？你先要控制自己，不要总想着去表现自己的大方，那只会让你的钱袋子遭殃。"

于是，他开始拒绝同事的邀请。刚开始的时候，对于小崔拒绝邀请的事情，同事们都不太高兴，然而随着时间的推移，同事们都理解他了，因为大家都想过更有意义的生活，而小崔正在这样做，这让同事们得到了启示。无所事事的人少了，更多的人开始行动起来，努力让自己的生活更有意义。

不要担心你的拒绝会破坏友谊，如果你的拒绝行动是趋向更美好的生活，那么你就不会失去友谊，反而会收获更多友谊。因为在这个世界上，每个人都希望过更好的生活，每个人都愿意生活得更有意义，而不是无聊、无趣、无味地混日子。人们愿意接近那些敢于拒绝沉沦、勇于发展自身的人。

有些事情别想太多，拒绝他人也是这样，不要总琢磨怎样能够拒绝他人，又不得罪对方。抱着这种渴望两全其美的想法，难免就会犹犹豫豫、左思右想，结果非但无法将心里的那个"不"字说出来，反而会让自己心事重重，烦恼更甚。想得太多，拒绝就会更不容易，你的勇气也会被种种顾虑磨灭。

无法接受，就大胆说"不"吧！不要随波逐流，不要有太多顾虑。当你拥有勇气拒绝混乱的生活，努力去接近美好时，你将收获得更多。当你将"不"字说出来，你会发现原来拒绝也没那么难，只需要一点勇气就可以。

会发脾气的人，才更有拒绝力

一直以来，人们都对愤怒的情绪很反感，自然对有脾气的人也不会有太多的好感，因此人们倾向于抑制和消除自己的脾气。由于特别想让自己的性格变得完美，抑制和消除脾气的做法就会变得偏激起来，以至于有的人最终将自己塑造成了没有脾气的老好人。

有人会说："没脾气的人性格好，相处起来不会有矛盾，难道有什么问题不成？"这样的看法是非常片面的。当一个人没有了脾气，他的生活会是怎样的呢？一个字，乱。一个词，乱象丛生。你也许不相信："怎么可能？应该说有脾气的人生活才波澜起伏、乱象丛生吧？没有脾气的人，生活应该是古井无波、淡定从容。"

若你这样认为，那你就错了。有句俗话说得好，"树欲静而风不止"，你越想平静，不平静的事情就越靠近你。老好人没脾气，是因为他怕有脾气：他担心别人发脾气，所以不得不接受别人的要求，自己敢怒不敢言，把脾气闷在心里。他们担心自己要是把脾气发泄出来，会造成冲突。在他们的眼里，脾气就是冲突的导火索，有脾气就容易爆发冲突。而避免冲突，恰恰是每个老好人心灵深处的念头。

他们想要平静,从没有想过发脾气,更讨厌别人发脾气,总觉得有脾气的人不好。事实上几乎每个人心中都有这样的好人情结,每个人的印象里,都会觉得脾气是一种恐怖的东西。

然而他们不知道的是,脾气是一种正常的心理状态,发脾气更是正常的行为活动。更加重要的是,有脾气的人才会更有拒绝力。不要觉得这很荒谬。很多时候,人们无法拒绝他人,不是因为不想拒绝,而是因为少了那么点儿脾气。

一个没有脾气的人,仿佛是砧板上的一块肉,任人宰割,毫无抗拒之力。他们的内心里,存在着扭曲的好人思维——总觉得自己对别人好,别人就会对自己好。因此,他们不会愤怒,也不愿意发脾气。一旦发脾气,就会深深地自责,感觉自己不够好。

其实很多时候,完全没有必要责怪自己,如果是对方的问题和责任,为什么要安在自己的头上,让自己承受更多的折磨和损失?有位哲学家感叹:"我多么愿意别人欣赏我的礼貌、我的大度,可实际上,他们只是享受我的礼貌,甚至奸污我的礼貌。有的人即便你无数次忍让他,也不能停止他的攻击与辱骂,他会越来越猖獗,到后来连我的家人都要带在一块骂。如果我不打断他,他是不会罢休的。"

一个正常的人,要能和气待人,但也要有点儿脾气。这并不是提倡争斗,也不是让人做那一点就炸的火药桶,只是希望我们都能多长点儿精神和志气,让我们能坦诚面对自己的心,而不再用勉强和委屈来压抑自己。

不要再做勉强自己的事情,放开你的胸怀,坦诚一些吧,勇敢面对自己内心的不甘、不愿和愤怒。如果你很生气,那就告诉对方;如果你不愿意,就不要勉强;如果你愤怒于对方的侮辱,那就勇敢地表达你的谴责和反抗。我们不做卫道士,我们只需要坦诚地面对自己,做一个坦诚的人,哪怕很普通。一个人若能保持自己的真心和坦诚,生活便任你驰骋。除了真理之外,没有人可以让你低头,你可以随时表达你的拒绝。

坚持原则，让你的拒绝更有力

想要拥有拒绝的能力，一定要有原则性。有些人无法拒绝，就是因为自己的原则性不够，如果一个人没有原则，总想迎合他人，那他就不得不勉强自己去做自己不喜欢的事情。所以要提高自己的拒绝力，就不能没有原则。你坚持自己的原则，拒绝他人也就会变得理直气壮了。

1986年，哈佛大学举行建校350周年庆典，学校打算邀请里根总统来演讲。里根总统听说此事非常高兴，但他提了一个要求——希望哈佛大学能够授予他荣誉博士学位。这个夹带的要求让校长很头疼，便将此事提交大学董事会进行讨论。

很快董事会决定，他们给里根总统回一封信，这样写道："尊敬的总统先生，很抱歉，我们不能答应您的要求。我校的学术称号只能授予那些在学术上获得非凡成就的人。个人的身份和地位，既不是障碍也不是台阶，作为哈佛大学董事会的成员，我们有维护本校学术声誉尊严的权利。"

里根看到这封信后感到很失望,也没有脸面去参加校庆了。这本来是一件很尴尬的事情,却一时间传为佳话,让哈佛大学的名誉更响。因为在人们看来,哈佛大学有原则,不因对方的身份而放弃自我的尊严,义正词严地拒绝了总统的要求。

立校如此,做人也该如此。坚持自己的原则,不仅能够帮助我们保持自我的独立性,也能让我们的拒绝力大大提高。原则是人立身的根本,是不能随意修改的。如果自己的做法是对的,就算别人指责、议论,甚至压迫我们,也不应改变。

其实每个人内心都有自己的原则和行事标准,差别在于,有的人会极力去坚持自己的主张,而有的人则会随时跟着他人的需求去改变。

当然,在生活中人不可能分得这样清楚,这两种类别的人,并非泾渭分明,真正有所成就的人,几乎都是两种人的混合体。他们既善于变通做事,不拘泥于成法,又能始终把持自己,坚持自己的原则,而不会轻易改变自己的决定。对他们而言,变是为了不变。各种变化都是为了不变的目标而去的。而如果他们要保证自己的目标不会变化,最重要的就是坚持自己的主张和原则。否则,很容易走向失败。因为放弃自己的主张,就无法掌控自己的行动,从而失去最终的目标,在这样不由自主的情况下,毫无把握,怎能获得成功呢?

Chapter2 超越不好意思——解放被面子束缚的心灵

有一段时间，校园青春小说特别火爆，有一个作家为了赶上市场潮流，准备写一部青春小说。然而在创作开始不久，他风闻市场风向有了变化，商战小说开始火了起来，于是作家连忙改变写作方向，开写商战小说。可是没想到他写了一段时间，消息又来了：商战小说太泛滥了，人们已经有了审美疲劳，市场开始萎缩，人们的阅读口味又变了，都去看言情了，言情小说销路特别好！不必说了，赶紧写言情吧。作家再次转向，可是还没等他落笔开始写，编辑就打电话来了："苍老师，你能写科幻吗？科幻好卖啊！"

这故事是不是很熟悉？在我们的工作当中，有时就会遭遇这样的事情。那名作家还算是比较幸运，虽然没拿出东西来，也没能赚上一大笔钱，但好歹没把名声弄坏，只要他以后找到了坚定的写作方向，也不难获得成功。但是有的人却没有这么幸运了。

有位作家写东西，因为特别照顾读者，总是跟读者沟通，根据读者的建议改变故事情节，添加各色内容。开始的时候，他的作品非常火爆，读者们纷纷追捧，当然，还带来了各种各样的意见。可是，随后吊诡的事情就发生了：书越写到后面，读者就越少；原本热切的建议也越来越少了，严厉的批评却越来越多了。

作家百思不得其解，他回过头来仔细看自己的书，才发现这书已经成了大杂烩式的"怪胎"：说它是历史，它里面有科幻；说它是科幻，它里面又有神魔；说它是神魔，它里边又有好长一段是侦探推理……作家的名声砸了，读者们都知道这人写书没原则，没有自己的主张，写出来的东西根本就没有阅读价值。

反思一下，工作的时候，自己有没有无原则的行动？是不是在随着上司的思想转动，上司说改就改，没有自己的主张和坚持？如果有这样的情况，那就要警醒了。如果你不能坚持自己的原则和主张，没有一点儿拒绝力，那么你的工作和生活将失去秩序，变得一团糟。你会在别人的指点下，不断地陷入没有价值的苦劳中，而功劳也会在无原则的改变中失去，你的工作成果非常有可能变成没人愿意埋单的怪胎！如此一来，你如何证明和实现你的价值呢？

记住，也许有人会为你的无原则起哄叫好，但没有人会为你的无原则付钱。从你屈从于他人、丢弃自己的原则的那一刻开始，你的拒绝力就会慢慢丧失。一个没有原则的人，又怎么可能有坚实的拒绝力呢？所以坚持原则，绝对没错的，如果对方强压，你就完全可以说出你的主张和理由，有原则地理直气壮地告诉他说："不行！"

Chapter3
"酒香也怕巷子深"
——不善于表现，就不会引起注意

对于职场中人来说，拥有扎实的职业技能还不够，还要懂得表现自己。在如今这个注意力经济时代，谁吸引了足够多的注意力，谁就能赢得更多成功的机遇。相反，那些只知道一味埋头苦干的人，只能成为被忽略的对象，升职加薪与自己无缘。

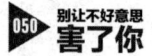

准备富有特色的自我介绍

良好的口才是个人魅力的重要体现,是一个人取得成功的必要前提。在职场中,一个人拥有良好的口才,既能给人留下良好的第一印象,也能给人留下更为深刻的印象。一个人,如果不能让领导记住自己,又何谈让领导认可自己呢?

我们总是听到有人这样抱怨:"唉,在公司已经好几年了,老板还是叫我'那个谁',连个名字都没记住。看来老板真是贵人多忘事。"这话听起来好像领导很健忘,然而换个角度想一想,你会发现领导待人接物何其多,不能记住某件事或某个人在所难免。如果你不够耀眼或者给人印象不够深刻,就会被人搁浅在记忆的角落里。所以,要想让领导记住自己,我们必须给他足够深刻的印象。如何做到这一点?富有特色的自我介绍,无疑能起到先声夺人的作用。因此,口才的好坏,就显得至关重要了。

无论是面试,还是初次出现在职场中,要想让别人了解你,自我介绍是必不可少的。自我介绍是人际交往中关键的一步,也是自我表现、自我推销的一次机会。自我介绍就好比商品广告,好的广告不一定有多长，却能够吸引人的眼球，抓住众人的心。富有特色的自我介绍，能为我们留给对方的"第一印象"加分，从而在对方的心里留下更为深刻的烙印。

大学毕业之后，戴星云和其他几个校友一起应聘到了一家大公司，试用期三个月，之后，通过考核者转为正式员工，其余的人则要离开。在几人中，戴星云相貌平平，成绩也是居中，似乎没有取胜的优势。

实习期间的工作并不固定，每天戴星云都会在车间、样板间、面料间跑好几趟。有一天，戴星云正拿着剪刀与布匹在车间奋战。"董事长来了。"同事在旁边小声提醒她。猝不及防的她心里"咯噔"了一下，但很快便恢复了镇定。

她深深地吸了一口气，面带微笑地迎向董事长并说道："您好！董事长。我是计划科的新人戴星云，星星的'星'，云朵的'云'，谐音'带幸运'。您是我学习的楷模，能见到您是我的幸运，能在您手下做事更是我的运气，我也相信我的存在能给公司带来更好的运气。因为我叫'带幸运'。"

这样的一番自我介绍，不卑不亢，泰然自若。董事长看了看貌不惊人的戴星云，笑着点点头，说："我们也拭目以待。"

实习结束后，留下来的幸运儿有四个，戴星云便是其中一个。后来的日子里，当戴星云再次见到董事长时，让她意想不到的是，董事长居然还能记得住她，并告诉她："我们之所以让你留下，除了你的踏实认真、工作努力之外，还有一个原因就是我想看看这个叫'带幸运'的年轻人，能给我们带来怎样的好运。相信你不会让我们失望的。"

从戴星云的成功经历中我们可以看出，自我介绍是职场中相当重要的一环：能够让领导记住你是成功的前提。然而，现实生活中很多人却不以为然，认为是金子总会发光，只要自己有真才实学，总有一天会被领导发现。于是他们视自我介绍为一种形式，不太在意；即使必要的自我介绍也会出现言语不当，并且认为这是不值一提的小事。

事实上，不当的自我介绍会给领导留下不好的印象，并对你的未来职场发展产生不良影响。它会让领导不想与你深交，甚至连了解你的欲望都没有，如此一来，你工作再努力，也得不到领导的青睐。这就是很多有才的人却总是怀才不遇的缘由。

所以，请重视自我介绍。在向领导自我介绍时，我们除了要介绍自己的姓名，更重要的是要向对方展示自己的特色，给对方留下足够深的印象，让其快速地认识并记住你。那么，怎样自我介绍才能让领导记住你呢？下面几点需要注意。

其一，不卑不亢，充满自信。即使你天生不爱表现，比较羞涩，在这种场合也必须拿出十足的勇气和信心，将自己的特色用言语表达出来。时刻记住"做得漂亮,也要说得漂亮"这句话,自己给自己贴一道耀眼的标签,只有你相信自己的独一无二,并敢于展现给别人,别人才能记住进而相信你。

其二,语言真实诚恳,不夸大其词。自我介绍可以讲述自己的优点和成就,但是千万不要自吹自擂、夸大其词,以防被领导抓住把柄,结果难以自圆其说,给人留下华而不实的印象。

其三,谦虚低调,但不要妄自菲薄。在领导面前表现得尊敬和谦虚是人之常情,但是如果通过贬低自己来显示自己的谦虚,往往会让领导对你形成一无是处的"第一印象",自然也不会得到领导的重视,如"这个行业我一点儿都不熟悉……""我是个被丈夫抛弃的女人,能来到这里工作是我的荣幸"等。

其四,抓住重点,简明扼要。自我介绍切忌冗长繁杂,措辞应简明扼要,抓住重要信息,准确定位并阐述。领导的时间宝贵,你讲的时间越长,领导越不耐烦,对你的印象也会越模糊。

总之,良好的开始是成功的一半。大多数一见如故的成功案例,就是利用有特色的自我介绍,在第一时间吸引对方,从而才有了继续交谈的可能。因此,请设计一段精彩的自我介绍,它不仅可以营造出一个和谐的交流氛围,更能加深领导对你的记忆,从而改变自己的职业生涯。

敢于在团队中发声

著名演员李雪健说过:"没有声音,再好的戏也出不来。"对每个人来说,职场是人生中的一个重要舞台,在这个舞台上,我们绝对不能只具备表演哑剧的能力。因为在这个舞台上的大多数时间,都需要我们唱、念、做、打,样样精通。

然而,我们中的大部分人都是在"矜持"的教育下成长起来的,如少说多做、隐藏自己的意见、沉默是金……看看你周围的人,是不是不少人都信奉这些所谓的原则呢?

尽管在所有人的印象中,跟叽叽喳喳的同事比起来,沉默无言的同事在工作中显得更忠诚可靠一些。但是,缄默之人在职场上时不时会给自己和同事带来意想不到的麻烦。反观那些跟谁都聊得来的人,在工作上往往更游刃有余一些。

置身于一个团队,如果想弄清楚自己周遭的环境,时刻把握团队的动向,那就要不断地收集信息,并对其进行分析处理。一个连局势都搞不清楚的人,怎么能在竞争中做到游刃有余呢?

而一个工作团队要建立优良的信息系统,需要全体工作人员的

Chapter3 "酒香也怕巷子深"——不善于表现，就不会引起注意

共同努力。因此，为了不被别人取代，每个人都应该张开自己的嘴巴，去收集信息、提出建议、广泛交流。领导在团队中听到了你的声音，才会知道你的存在，给你更多的机会展现自己。

团队内部建议者的地位和建议氛围，通常会因不同的企业文化而不同。你的建议有什么优势？不断提供建议能帮你获得上升空间吗？作为团队中的一分子，该怎样对团队提出建议呢？

说到这里，大家务必要明确一点：一个出色的建议者必须是一个出色的建设者。在团队建设中，一个能时刻找准自己发出声音的位置，并在这个位置上保持自己的想法、发出自己声音的职场人，通常能够相信自己的能力，积极地参与团队发展过程，并且热爱自己的工作。

文静的苏南从小就接受父母为她制定的做人准则：女孩子一定要多做事、少说话，避免给人留下轻浮的印象。而矜持的她，在考大学时，竟被一所名牌大学的新闻系录取了。

可是，在学校的四年间，她的导师和同学都觉得她选错了专业。的确，不爱说话的她很难在这个吃"张口饭"的行业生存下去，更不要说做出卓越的成绩。

而在实习期间，一向成绩优异的她更成了实习老师一直关照的对象。她能够收集到精准得当的受访者背景资料，也能做出十分精细的采访计划，但是，她无法做到一个人单独采访。每次遇到采访

任务，她总是得拉上一个帮手，让别人帮她完成采访。

遭遇了实习的打击之后，她变得心灰意冷，毕业后找了一个平凡的岗位，勉强养活自己。

很多人思想上都有这种误区，认为没有声音也就没有错误，但他们却不知道，对公司来说，一个没有自己声音的人也就失去了价值。

在职场上，勇敢地发出自己的声音，也许有时会给自己带来一些小麻烦，但是，如果我们失去了自己的声音，选择沉默，或者毫无原则地迎合别人，不仅会给团队带来损失，自己的前途也会因此暗淡无光。

一位优秀的经理人说过："建议是否能被接受，主要看被建议人的性格。但是，建设性的意见往往会被接受。"

很多时候，提出"建议"是不分性别、不分年龄，甚至是不分职位高低的。只要你能够不断学习新的知识，拓展自己的眼界，克服非理性因素，摒弃私利，那你就会成为一个拥有自己"声音"的出色职场人。

当今社会，人际关系的重要性日益凸显，仅凭自己的一双手去开辟事业已经越来越不现实。那些不善言谈、只会埋头苦干的人，并不是没有倾诉与表达的欲望，而是因为他们缺乏自信心，即使业绩出色，也不敢说出和实施自己的想法与主张，这样自然会失去升职、加薪的机会。

作为一名下属，在和公司领导说话时，要避免拘谨或唯唯诺诺，而应该大胆、自然和充满自信地表达自己的想法。

那么，我们在与领导沟通的时候，该怎样展现自己的自信呢？

首先，要大胆地说。现代职场，考量人才的标准已经逐步多元化，一个不敢与领导接触的人谈不上有什么社会竞争力。真正的人才需要学会表达，需要将自己的意见与想法准确、流畅、生动地传达给别人。这就要求，你必须敢说，敢迈出自我心理界限的第一步。自信是实力的第一证明，大胆地说出来，才有证明自己的机会。

其次，应具备自信的精神面貌。当一个人与另外一个人接触的时候，留下第一印象的往往不是语言。我们要想给领导留下难忘的印象，除了要在语言上自信以外，还要具备自信的精神面貌。即使你能够侃侃而谈，但衣着邋遢、不修边幅，也会让人反感，而且，还给人一种不被尊重的感觉。毕竟一个人的精神面貌很大一部分是外在的。

再次，提前做好准备，大大方方交谈。很多职场人士之所以和领导交谈的时候手忙脚乱、语无伦次，以至于显得不够自信，有一个重要的原因就是准备不充分。你要知道，准备充分，说话的时候才会有理有据，才会显出你的专业能力和素质，才会让领导赞同。领导的时间是有限的，准备不足只会浪费领导的时间，他会怀疑你的办事能力和工作态度。所以，想让自己更自信，不妨多做些准备。如此，你才有可能收获意外的惊喜，你的努力才会变成事业上的成就。

最后，要相信自己能成功。有些员工不敢和领导交流，是由于对后果考虑过多，生怕交谈不慎给别人留下一个不好的印象。针对这一点，要学会保持一颗平常心，把与领导的交谈视为和常人的交谈，即使不成功也没什么大不了。此外，在交谈过程中要相信自己能够成功。

幽默感让单调的工作变得有趣

比尔·罗杰斯说过:"幽默感是工作场合人际关系的润滑剂,它威力无穷,可以打破僵局,也可以提高生产力。"在职场中,那些做事游刃有余、左右逢源的人,除了拥有实力外,还有一点,就是懂得运用诙谐幽默的技巧。遇到困境或烦闷时,讲个笑话、开个玩笑,娱人悦己,既能缓解气氛,又能摆脱不必要的麻烦,让同事喜欢,让领导爱护,何乐而不为?

有些人在追女孩子时,总是有办法诙谐幽默,逗乐找趣儿,讨得女孩欢心。但是在工作场合却有所顾虑,尤其是在领导面前,不敢将幽默感表现出来,害怕给领导留下华而不实的印象。其实领导也是人,恰如其分地运用幽默,也能让他们心情愉悦,让他们感觉到你的乐观和快乐,与你共事更加轻松。

幽默是一种艺术手段。高超的幽默技巧,不只逗人发笑,还能令人在轻松愉悦中领悟到深刻的真理和严肃的内容。单调的工作和谈话总会令人生厌,运用幽默打破僵局,或是给无意义和尴尬的话题裹上一层风趣的外衣,会让你成为人见人爱的善谈者。

秘书小李就是一个既会做事，又懂幽默的人，深得方总的赏识。有一天，小李接到一个陌生电话，对方劈头盖脸就是一句："我找你们方总。"不知姓甚名谁，小李便很客气地问了一句："我是方总的秘书，请问您是哪位？"对方似乎不买小李的账，很不耐烦地道："你不用管我是谁，我和方总是朋友，你只管找他接电话。"小李没有就此罢休，很幽默地回了一句："先生，我很抱歉，方总的所有电话都是我'过滤'之后再转给他的。"对方愣了一下，只好自报身份。后来，此事被这位先生"泄露"到方总那里，方总听后哈哈大笑，夸奖小李做得很好。

还有一次，小李去方总家里送材料并领取新的工作指示。刚坐下不久，方总的太太就热心地招呼小李，结果一不小心将一大杯饮料打翻，全都倒在小李穿的那双新鞋上。方太太很尴尬，方总也不高兴地瞪了方太太一眼，小李却不甚在意地笑笑说："通常情况是先脱鞋再洗脚的。"一句话逗得大家都笑了，尴尬也因此烟消云散。

职场中，很多人因为工作的乏味和压力，变得意志消沉，精神萎靡。这时候就需要拿出追女孩子的幽默劲儿，既能为人增趣，又能自我排忧解难、缓解压力。

一位员工经常在上班时间接到不少私人电话。有一次，他刚打

Chapter3 "酒香也怕巷子深"——不善于表现，就不会引起注意

完电话，就听见经理愤怒的声音从身后传来："你每天接这么多电话，你知道我是怎么想的吗？"这位员工自知有错，当然不敢顶撞，于是他很巧妙地说了一句："您肯定是在想'接这么多电话，为什么都不是顾客打来的'。"经理没想到他反应这么快，火气瞬时降下来不少。片刻之后，经理换了个温和的口气叮嘱员工："以后上班时间要少接打私人电话。"

这就是幽默的感染力。有时候，员工难免会有各种不满，如受到领导的不公平待遇、被误解等。作为下级，不可能直接找领导评理。这时候，如果能说一些幽默的话，领导听起来顺耳，效果也会更加显著。

一句幽默的话，有时候可以化解人与人之间的摩擦和矛盾，让你在和别人相处的道路上畅通无阻。然而，面对千差万别的人群，幽默没有现成的模式可遵循，只能做到灵活运用，并掌握幽默的火候、场合分明、张弛有度，如此才能做到化解危机的效果，否则只能适得其反。开玩笑要掌握好分寸，幽默要遵循得体原则，具体来说有以下几点需要注意。

第一，内容高雅。幽默的内容取决于幽默者的思想情趣与文化修养。幽默内容粗俗或者不雅，虽然也能博人一笑，但过后就会变味。而内容健康、格调高雅的玩笑所产生的幽默，不仅能给对方启迪和精神享受，而且也是对自己美好形象的有力塑造。

第二，态度友善。对人友善是做人的一个原则，也是幽默的一个标准。一般来讲，幽默的过程，是感情互相交流传递的过程，如果借着开玩笑对别人冷嘲热讽，发泄厌恶、不满的情绪，那么这种玩笑就无法称得上幽默。

也许有些人不如你口齿伶俐，表面上你占了上风，但别人会认为你不尊重他们，从而不愿与你交往。

第三，区别对象。生活中每个人的身份、性格、心情不同，对玩笑的接受度也不同。同样一个玩笑，能对甲开，不一定能对乙开；能对乙开，也不一定能对甲开。一般来说，晚辈不宜同长辈开玩笑，下级不宜同上级开玩笑，男性不宜同女性开玩笑。在同辈人之间开玩笑，要掌握对方的性格特征与情绪信息。对方性格外向，能宽容忍耐，玩笑稍微开大点儿也能得到谅解。对方性格内向，喜欢琢磨言外之意，开玩笑就应慎重。对方尽管平时生性开朗，假如恰好碰上不愉快或伤心之事，就不能随便与之开玩笑。相反，对方性格内向，但正好喜事临门，此时与他开个玩笑，幽默的氛围会一下凸显出来，效果也会很好。

第四，分清场合。幽默并不是在什么场合都可以使用的。例如，在一个隆重的会议上，当领导发言时，你突然冒出一两句俏皮话，也许旁听者会被你的幽默逗笑，但领导肯定认为你不尊重他，对他的发言不感兴趣。

职场语言：简洁、精练、职业化

在职场中，我们往往要给领导留下一个干练、明快的印象，那么，你就必须掌握好说话的节奏，这就是说话节奏的魅力所在。

与领导交谈的时候，语言要简洁、精练，并尽可能地承载更多和更有用的信息。这样才能使你的说话节奏明快，使领导觉得你果断、直接，从而认可你。如果空话连篇、言之无物，你的说话节奏必然拖沓，会使人产生很犹豫、好像在回避的感觉。

知道了这一点，你就不难明白为什么有些人在表达自己观点的时候，陈述够多，持续的时间也够长，结果却遭遇失败。爱迪生说过："最大的浪费就是对时间的浪费。"领导一般都是日理万机的，时间非常宝贵，因此我们跟领导谈话时，一定要抓住要点，在不漏掉有用信息的前提下，语言越简洁越好。

小王是设计公司的一名设计师，已经工作了一年，他是一个很优秀的设计师，可他最大的缺点就是说话东一句，西一句，无条理，无层次感。

每当有客户来看作品，小王虽然滔滔不绝地讲了很多，然而最后客户还是不明白他说了些什么，他甚至连最基本的设计理念和最初的想法都无法表述清楚。后来，再有客户来时，小王就和文案策划人员一起来给客户讲解，其中起关键性作用的当然是文案策划人员了。

有时公司也搞活动，活动后总结，每个人都要发表自己的看法，大家说得都挺好，可是轮到小王，小王一会儿说策划，一会儿说执行，一会儿又说流程。总之，一个大项还没说完就跑到下一项去了，而且说的都是些泛泛的话，毫无重点，毫无层次可言。

再后来，领导找小王谈话，先肯定了他的专业能力，又说到他的讲话能力，让其改进，小王这才意识到，自己的讲话能力必须改进了。

从案例中我们可以发现，回答上司的话，措辞的简洁和高雅是非常重要的一环。如果措辞啰啰唆唆，谈话抓不住重点、不着边际，说来说去都使人无法把握其中的要点，这样的人常常会让人厌倦。

因此，在职场中看问题最好做到抽丝剥茧，认清问题的本质，这样才能抓住重点、有的放矢。抓住重点才会条理清晰，做事才有效率，才能出色地完成工作。在谈话中要做到措辞简洁高雅，应该着重注意以下几个方面。

其一，话语越简洁越好。说话一般是越简明越好，有些人在叙述一件事情时说了很多话，但还是无法把自己的意思表达出来。听者花了很多时间和精力，仍然不知道他想说明什么问题。如果你有这种毛病，一定要注意矫正。

其二，用语不要有过多叠句。在汉语里，有时的确要使用叠句来引起别人的注意，或者加强语气。但是，如果滥用叠句，就会显得累赘。例如，许多人在疑惑不解的时候常常会说："为什么？为什么？"其实，一个"为什么"就足以表达你的疑惑之情。还有的人答应别人一件事情的时候，常常说："好好好……"一连说上好几个，其实，说一个"好"就足够了。如果你有这个毛病，还是应改正一下。

其三，同样的言辞不可用得太频繁。一般来说，听者总希望说者的语言丰富多彩。你虽然不必每说一事都使用一个新词汇，但也应该在许可的范围内尽量使语言表达多样化，不宜太频繁地使用一个词。即使一个非常新奇的词，如果你在几分钟之内把它复述了几次甚至十几次，人们对它的新奇感也会丧失，并对它产生一种厌倦感。

其四，要避免口头禅。有些人在交谈中非常爱说口头禅，诸如"那么""岂有此理""我以为""绝对的""没问题"等，不管这些话与所说的内容是否有关联。这类口头禅说多了，不仅影响说话的效果，而且还很容易成为别人的笑柄。因此应避免说这类口头禅。

其五，不要滥用术语。粗俗的词不可用，太深奥的词如专用术语也不可多用。如果不是同一个领域的学者讨论学术问题，过多地使用专业术语，即使用得很恰当，也会给人以故弄玄虚的感觉。满口诸如"形而上学""一元论""二元论""沙文主义""哀的美敦书"等术语，不懂的人认为你在炫耀才学，而听得懂的人则认为你非常浅薄。

其六，提前打好腹稿。提前做好准备工作，这样见到领导的时候就能有条不紊地对工作进行概括，找到领导最关心的点，汇报的时候作为核心。如果你没有想好，只是临时抱佛脚，那么难免会说得不清不楚，领导自然很难满意。

时常注意社交礼仪

无论在日常生活中，还是在工作中，语言的作用都是无法替代的，它是人与人之间沟通的主要工具，是表达思想的主要方式。语言的内容与说话方式，体现了我们的基本素养、文化修养等各个方面的综合素质。

在工作中，与领导交流要学会以礼相待，多用礼貌用语交谈，让领导感受到你的良好素质和对他的尊重。相反，若对领导不使用礼貌用语，则会让他觉得你缺乏修养，不懂礼貌。试想，一个连最起码的礼貌都没有的下属，又怎么能获得领导的赏识和重视呢？

许多人说话的本领不是很高明，是因为他们不曾把说话当作一门艺术，更不曾在这门艺术上下功夫。他们不肯多读书，不肯多思考，宁肯用粗俗的语句，也不肯"三思"而后言，让自己的语言变得文雅、优美。

陆飞是一个大大咧咧的人，言语也很唐突。这天，老板说有个合作过的公司老总请他吃饭，让陆飞陪自己一起去。看老板如此赏识自己，陆飞甚是高兴，虽然天下着大雨，但还是很高兴地陪老板前往。

无巧不成书，见到那个老板之后，陆飞才发现那个人竟然是自己以前的哥们儿秦牧。秦牧高中毕业之后就去了国外，几年不见，竟然在这样的场合碰见了，陆飞高兴极了，也不管老板在身边，走上前去，把手往秦牧肩膀上一拍，直接劈头就骂："秦牧，你这××小子，出国混了几年，真是××，还以为××死外头了呢，真××的……"

秦牧显然知道陆飞的性格，即使听到陆飞满口脏话，依然保持着自己的绅士风度和陆飞寒暄了几句。但是陆飞的老板脸色却非常难看，轻轻地"咳"了一声，半开玩笑地说道："陆飞啊，我看你们老同学见面，你都忘了自己是谁了啊！公共场合，说话还是文雅点，不然秦总还以为我们公司的员工都是这样的素质。"

陆飞听了老板的话，哈哈一笑说道："李总，你不懂，这是我哥们儿，我们都××好几年没见了。没有想到今天在这见到了，我爆几句粗口，相信秦牧是不会介意的。秦牧，你说是吧？"

听了陆飞的话，秦牧赶紧在一旁赔着笑脸说："不会，不会。"

听了秦牧的话，陆飞更得意了。自然，整顿饭脏话不绝于耳，周围的人都向陆飞投去鄙视的目光，令老板和秦牧都颇为尴尬，但也不好说什么。

毫无意外，自那次以后，老板再也没有让陆飞陪自己出去过了,平时对他也不冷不热的,陆飞感觉到了老板的冷落,没多久就自动离职了。

案例中的陆飞败就败在"素养"二字上,觉得朋友关系好,都是自己人,说话可以无所顾忌,想怎么说就怎么说。当见到秦牧之后,他就完全忘记了自己是陪领导来应酬的,于是毫不注意场合,信口开河。我们在日常生活中一定要注意养成良好的语言素养,不可随意讲脏话,否则很容易无意中暴露出自己的粗鄙与无知。

俗语说:"人熟礼不熟。"这就是说,对于熟人,也要有礼貌。

礼貌是一种柔韧的智慧,这种平和与内敛表达着对别人的尊重,不会引起对方的反感,也就自然地给自己留下了很大的回旋空间,这就是君子生活在人性丛林中必须遵守的法则。

身处职场,一定要学会使用礼貌用语,让领导看出你的素质,哪个领导不喜欢有素质的下属呢?因此,不妨学习一下良好的日常说话规范。

第一,主动问候领导。作为下属,无论在什么场合,遇到领导主动问候都会使你显得更有礼貌。如果距离太远不便呼叫,可用眼睛注视,当领导与你的目光相遇时,要点头示意一下。近距离时,则可用礼貌用语打招呼。

第二,注意礼貌的度,排除谄媚之嫌。与领导相处本身就要有一定的度,尤其当你在公众场合遇见领导时,不要表现得过分热情,只需礼貌地说一声"您好"就可以了。现实中,很多下属为了和领导搞好关系,在一些非工作场合遇到领导时,认为好不容易逮到个机会,不能没礼貌,于是就说个不停。可能领导嘴上应承了你,但在心里早已对你不耐烦了,同时,也使你更有谄媚之嫌。

第三,和领导相处,更要礼尚往来。与领导相处,一定要学会以礼相待。俗话说:"人敬我一尺,我敬人一丈。"这一点也适用于职场。比如,如果前一天领导请你吃了饭,第二天见到领导时要再次致谢;如果领导受邀并参加了你的宴会或你举办的活动,一定要当面致谢,并送个小纪念品以示谢意,哪怕是一张纪念卡。

第四,陪领导应酬,要会一些基本的社交礼仪。身处职场难免有一些应酬,而很多时候,这些应酬是要和领导一起参加的。作为下属,我们一定要懂得一些社交礼仪,才不会显得手足无措。就拿酒桌礼仪而言,举杯前要先等着领导,只有等到领导举杯了你才能举杯,或者你可以举杯敬领导。切记,千万不要拿起杯子一句话也不说就一饮而尽,那样领导会以为你对他、对工作或者对公司有什么不满。

总之,成功的职业生涯并不意味着你必须才华横溢,重要的是在工作中要有一定的礼仪,用一种合乎礼节的方式与领导、同事沟通交流,这样你才能在职场中赢得别人的尊重,才能在职场中获得成功。

Chapter4
美言计
——没有人拒绝适当的恭维

俗话说,"良言一句三冬暖"。人人都喜欢被赞美。曾有美国社会活动家推出一条原则:"给人一个好名声。"如果你能以诚挚的敬意和真心实意的赞扬,满足他人的自我心理需求,就会使沟通交流变得轻松、愉快,对方也会更通情达理,更乐于协力合作。

赞美是人际关系的黏合剂

美国历史上第一个年薪过百万的管理人叫史考伯,他是美国钢铁公司总经理。记者曾问他:"你的老板为什么愿意一年付给你超过100万美元的薪金,你到底有什么本事?"史考伯回答:"我对钢铁懂得并不多,我的最大本事是鼓舞员工。而鼓舞员工的最好方法,就是表现真诚的赞赏和鼓励。"赞美是说话的艺术,合乎人性的法则。适当得体地赞美,会使人感到开心、快乐。

人,总是喜欢被赞美,无论是咿呀学语的孩子,还是白发苍苍的老人,因为人任何时候都有一种被人肯定、被人赞美的强烈欲望。有位企业家说:"人都是活在掌声中的,当部属被上司肯定、受到奖赏时,他就会更加卖力地工作。"卡耐基也说过:"当我们想改变别人时,为什么不用赞美来代替责备呢?人人都喜欢赞美,领导也不例外。"

赞美是发自内心地对美好事物和人表示肯定的表达,在职场中,恰如其分的赞美能使我们更好地增进与领导、同事之间的关系。工作中,如果能对上级、下属或者同事进行真诚的赞美,对我

Chapter4 美言计——没有人拒绝适当的恭维

们创造融洽的人际关系，创造良好的工作氛围，对自己的前途都会有很大帮助。如果用到客户身上，对促成交易也会有一定的作用。赞美的力量是无穷的，赞美的声音是最好听的声音，也是人们最爱听的声音。

刘慧是一个开朗的女孩，非常善于交际，也很会赞美别人。毕业之后，她来到一家公司做文员，她的领导是一位年近四十的中年女性。在公司里，每次见到领导，她都会非常礼貌地停住脚步说："领导好！"如果领导换了身新衣服，她就会马上赞美说："您穿这身衣服真精神！"如果领导换了个发型，她就会很惊喜地夸赞说："这个发型把您衬得好年轻啊！"刘慧的这些话把这位领导赞美得飘飘然，所以领导有什么事情都喜欢叫着刘慧一起去。

一天快要下班了，领导让刘慧陪她去逛商场，刘慧丝毫不敢怠慢，立刻就答应了。下班后，刘慧在楼下等领导，领导走过来，穿了一身比往常更加靓丽的衣服，刘慧不禁惊呼："经理，您今天也太靓了！"领导笑着说："是吗？这些都是以前买的，只不过没有这样搭过。"刘慧回答说："嗯，太漂亮了，您要有空教教我怎么搭配衣服，您看我穿的和您都没法比。"领导听得心花怒放。

商场逛完后，两个人都有些累了，场面有些沉默，此时刘慧为了尽快打破这种气氛，又开始了对领导的夸赞："经理，您真是一个成功的女性，美貌与智慧并存，家庭又如此和睦，让所有女人都羡慕……"听了刘慧的话，领导疲惫的脸立马变得容光焕发，和刘慧从婚姻到家庭聊了个遍。从此以后，领导更加喜欢刘慧了，在部门的例会上，领导总是表扬刘慧进步快，甚至还把到总公司培训的唯一名额给了她。

托尔斯泰说过："就是在最好的、最友善的、最单纯的人际关系中，称赞和赞许也是必要的，正如润滑油对轮子是必要的，可以使轮子转得快。"赞美是人际交往中不可缺少的一部分，为了获得良好的人际关系，为了让工作任务和目标向预期的方向顺利进行，我们必须要学会和领导、同事之间营造一种融洽的工作氛围。

赞美别人容易，但是做到恰如其分却不是件容易的事情。赞美如煲汤，火候是关键。适度的赞美会让对方感到很舒服；赞美得多了，或者过了，就会使得赞美没有新鲜感，让对方吃不消。总之，要想学会正确地赞美，一般都要注意以下几点。

其一，赞美要选择恰当的时机。赞美的时候一定要认真把握时机。应当切合当时的气氛、条件，当你发现对方有值得赞美的地方，就要及时大胆地赞美。

其二，赞美应该具体化。赞美应该具体化，人都有不自觉把局部夸大为整体的倾向，因此我们赞美的时候只要从某个局部、某件具体的事情入手就可以了，其他的工作对方会自动完成，而且局部、具体的赞美会显得更真诚、更可信。比如某人工作出色，那么表扬的时候也要指向具体的工作事务。

其三，合理地给领导赞许。给领导"戴高帽"固然没错，但是一定要把握一定的尺度，如果乱戴高帽，其效果很可能会适得其反。学会赞美，掌握这门沟通艺术，真诚是前提，唯有真诚地赞美才会如春风拂面。虚情假意的赞美，往往被人认为是讽刺挖苦或者是溜须拍马，让人感到恶心、让人鄙视。真诚的赞美来自内心深处，是心灵的感应，是对被赞美者的羡慕和钦佩，能使对方受到感染，产生共鸣。

其四，"雪中送炭"比"锦上添花"更有效。那些因被埋没而产生自卑感或者身处逆境的人，比那些受人瞩目的人更需要得到别人的赞美，他们一旦被他人当众真诚地赞美，便有可能振作精神，大展宏图。因此，最有实效的赞美不是"锦上添花"，而是"雪中送炭"。赞美并不一定需要你总是去夸赞他，有时候，一个赞许的目光，一个友好的微笑都能起到意想不到的效果。

总之，赞美是一门学问，里面的名堂可不少。把握好赞美的分寸需要我们在生活中多用心、多总结，以赞美为主要手段，辅以人际沟通的其他技巧。只有这样，你的赞美功夫才能炉火纯青，既没有阿谀逢迎之嫌，又能免去虚情假意之患，从而准确恰当地达到我们与他人良好沟通的目的。

赞美有"度"才完美

很多职场人士认为，工作中，只要踏实肯干就行，赞美是讨好领导，是卑贱，是出卖人格和尊严。其实，这种想法缺乏理性的思考，更是给自己的个人发展自设陷阱。事实上，真正的工作并不仅仅是手头的一些硬性任务，还包括和领导以及同事的协同合作，只有与同事、领导相处融洽，工作起来才会事半功倍。

人最富情感，听取赞扬是人的特殊感情需要。中国人强调中庸，强调做人、做事、说话不偏不倚，把握分寸。实际上，的确如此，很多是非对错都没有定论，也没有绝对，就看我们能否把握一定的分寸，拿捏好尺度，这就是一种智慧。同样，赞美领导也需要我们把握好尺度。过犹不及，即使是赞美的话，也不可不着边际、长篇大论，应点到即止。

夏军是一名行政助理，有一天，他奉领导之命，去和另外一个部门的经理商谈部门之间合作的事情。这位部门经理很年轻，而且工作能力很强，夏军想趁此机会巴结一下。万一以后有用得着他的地方呢?"

进入办公室后,夏军便赞美起了这位年轻的经理:"您如此年轻就能当上我们这么大一个公司的销售部经理,掌握整个公司的经济命脉,真是了不起!能请教一下您是哪个大学毕业的吗?"

"我没有读过大学。"

这时,夏军知道自己说错话了,但他马上反应过来:"没有读过大学竟然这么年轻就当上了部门经理,真是不容易,很多本科甚至硕士研究生都争不到这个位子呢!天啊,真是了不起,那您什么时候专科毕业的呢?"

"专科?我也没有读过!"

夏军知道自己又说错话了,于是故伎重演:"您没上过大学,没上过专科居然能走到今天,可真是个天才。我都不敢相信自己的耳朵了。您真是我们学习的榜样,对了,您怎么这么早就出来工作了呢?"

"因为家里只有我和妹妹,家里穷,为了能让妹妹上学,我就出来干活了。"

"您妹妹也很了不起呀,你们都很了不起呀。"

"她的确没辜负我的期望,现在已经快毕业了,马上念研究生了,我希望她好好读书,爸妈也希望她能成才。"

"您爸妈也很了不起,培养了您和您妹妹这样优秀的人才……"

夏军就这样一问一赞,结果到最后,把那位销售经理的一大家子人全问出来了，还全都称赞了一遍，越扯越远。到最后，居然忘了商谈部门合作的事，而当他想起来的时候，那位经理已经借口很忙，让秘书接他走了。后来夏军才知道，原来那天自己的赞美没完没了，本来刚开始时，那位经理听到几句赞美后，心里很舒服，可是夏军说得太多了，搞得他由原来的高兴变得不胜其烦。

"月满则亏，水满则溢"，任何事情都有一个"度"。赞美领导也是这样，恰当的赞美之言会让领导很受用，而赞美语言过多则会过犹不及，失去了新鲜感，就会适得其反。范例中的夏军犯的就是这样的错。

适当的赞美，会让他人听着很舒服，也会很受用，而过度的赞美则会显得做作和虚伪。所以，抓住重点赞美，避免赞美之言泛滥，也是我们在赞美别人时应该注意的。那么，在赞美之言的"度"的把握上，我们应该怎么做呢？

首先，要做到知己知彼。每个人都有一些属于他自己的个性、性格和习惯等，这些我们都需要了解。只有了解这些，才能方便与他们沟通。

其次，恭维也要真挚。提起恭维，可能我们都会认为是贬义的，是虚假的，其实不然。只要恭维是发自内心的，也是恰到好处的赞美。比如，你可以转换一种方式，用询问和请教的方式与别人畅谈，然后请他指出自己的不足，这样，优点自然显而易见。同时，你还可以拿出记事本，把一些重要的指示记下来，这就更能显出你的诚意。

再次，恭维要适度。在人际交往中，不管你是不是喜欢对方，都要学会恭维。而且在这种情况下，你恭维的话更要适度，不然很容易让对方觉得你虚情假意。另外，你需要了解他的内心世界，才不会在恭维的时候"脱离轨道"。只要学会适度赞美，再加上做事踏实认真，你的发展前途必将一片光明。

赞美的话人人爱听，不过在赞美的时候应注意不同对象的特征，把握尺度，掌握不同方法。对于一名下属或者晚辈来说，我们不要随意滥用"赞扬"，因为虚假的赞扬实际上是对"尊敬"二字的亵渎。确有敬佩之处，可尽情赞扬，但不要牵强附会，"无病呻吟"式地赞扬。也就是说，我们应注意赞美的"度"，真心赞扬才会赢得对方的好感。

不要把赞美变成了奉承

卢梭说:"贤人哲士是绝对不追求运气的,然而对赞誉和激励却不能无动于衷。"对于职场人士来说,和领导相处更需要赞美这双"大手"的支持。适时恰当的赞美能产生很大的力量,是成功的"催化剂"。

但事实上,赞美并不是一件简单的事。要知道,每个人都希望被人赞美,可关键是,我们该怎么赞美才合适,让对方感觉你赞美得合情合理,才能真正打动他。因为常规意义上的赞美,很容易大处落墨,不着边际,缺乏新意和诚意。因此,我们不妨换个角度,抓住赞美点,这样,我们赞美起来就有据可依。

所以,在和他人相处的时候,一定要善于挖掘他的优点。即使这个人你不喜欢,只要用心去找,也一定会找到。抓住他的优点赞美,一定会让他对你"另眼相看"。

杨晔在一家地产公司的策划部工作,他的顶头上司是策划部部长,实际工作能力还没杨晔强。但是因为工作年限长,自然也就坐到了这个位置。按理说,杨晔和部长的关系应该不好,但实际上,他们的关系好得在整个公司都是出了名的。这并不是因为杨晔处处躲让,而是他会赞美部长。

有一次,公司新出个大案子,那个楼盘因为情况特殊,指明了要部长策划。其实,这个案子对于部长这位老手来说,并不是难事。他轻而易举地解决后,还是象征性地拿到例会上,让大家"见识"一下,也炫耀一下。

当部长把文案拿出来时,立即引起了大家强烈的共鸣:"到底是部长啊!真是技高一筹!""真是大手笔!""部长果然是老前辈啊,走过的桥比我们走过的路都多,真是大开眼界,这可是我们以后策划的典范啊!"一时间,部长的耳旁充斥的是各种赞美之词,杨晔并没有搅在这些人当中,细心的他看到部长脸上是一副不屑的表情。

聪明的杨晔想:如果我现在还用老掉牙的一套歌功颂德,说不定会被老板归入趋炎附势之列。于是他灵机一动,只是用佩服和惊讶的眼神望着部长,并没有多说什么,只是微微地点着头。

事实上,杨晔的这一套还真奏效了。当别人用那些腻语奉承部长的时候,他总是能用独树一帜的方法来赞美部长,以至于后来,他们的关系发展得很好。有一次,公司聚餐,部长喝得微醉,他拍着杨晔的肩膀说:"小杨啊,好好干,以后前途一片光明,我知道在咱公司只有你是真心佩服我的……"看到这一幕,很多同事都傻眼了。

第二天，同事们都向杨晔请教与老板沟通的技巧。杨晔倒也不是那种遮遮掩掩的人，毫无保留地总结道："我们可是新时代的'白骨精'，奉承也要讲究方法的，不要总是说那些陈词滥调，这些话部长听多了会腻的，也会觉得我们没有诚意。"大家纷纷点头称是。

范例中杨晔是个聪明的下属，他在处理和领导的关系时，都能运用恰到好处的赞美技术，获得领导特殊的青睐。有时候，有些赞美不必大张旗鼓，只需点到为止，但一定要真诚。

恰到好处的赞美奥妙无穷，"懂行"是一个重要法则。"懂行"的实质是抓住赞美对象的实质，不说外行话，让别人听起来在行、老练。许多人常犯外行的错误，见了什么都说好，见了谁都说高；有的是不懂装懂；有的是只知其一，不知其二，语言不到位，说不到点子上，切不中要害，缺乏力度。

做一个内行的赞美者，要懂专业知识。常言道："隔行如隔山。"现代社会中，专业分工很细，各种专业相对独立，自成相对封闭的系统。如果知识面狭窄，无疑就成了"门外汉"，找不到赞美的话题，又如何令自己像个内行人呢？

其一，适当运用专业术语。对某一行要有一定造诣，你的赞美才能令内行的人接受，并视你为知己。运用专业术语是一种技巧。各行都有各行的话，曲艺中有吹、拉、弹、唱，相声中有说、学、逗、唱，围棋中有边、角、星、目等，书法中有筋、骨、神、锋。这些都是某一领域中的"行话"。在一定的场合，你用专业术语予人以赞美，让人觉得你是"圈内人"，你的赞美才会让人觉得可信。

其二，独具慧眼，发现别人的优点。内行的赞美还表现为独具慧眼。独具慧眼的赞美者善于发现别人发现不了的优点。比如，面对一幅油画作品，几乎所有人都异口同声地叹道："真是太绝了！""我再练十年恐怕也赶不上！"油画家对这样的恭维早就习以为常了。独有一人说道："常言说，画如其人。您的画运笔沉稳，是和您刚正不阿的秉性、对人生与社会的深刻思考分不开的。"谈画论人在行在理、独辟蹊径，巧妙地换了个新角度，令人耳目一新，与其他赞美相较技高一等。

其三，赞美之语不要太肤浅。肤浅的赞美让人感到乏味与空洞，受到你赞美的人也感觉不到荣耀，并会因为你的赞美而产生一种不安与困惑；而见解深刻的赞美让人觉得你看到了问题的实质，你的赞美也容易让对方产生认同感，而被赞美者也对你的一双慧眼抱以信赖，产生与你积极沟通与交流的愿望。

所以，我们要明白，任何人都不会拒绝赞美，但前提是，我们的赞美之言必须是有据可依的。凭空的、空泛的赞美谁都会，仅仅是几句好话而已，但这起不到赞美的作用。

不动声色的赞美,更能深入人心

任何人都不会拒绝赞美,即使是那些正人君子。而作为具有一定地位的领导,其实更需要别人的赞扬,因为这是对他能力和地位的一种肯定。作为下属,我们只有满足他们的这种心理需求,巧妙赞扬,把话说到领导心坎儿上,才能让领导脸上有光。这样一来,自然也就能拉近和领导的距离,有助于工作的顺利进行。

明朝建国后,明太祖朱元璋坐在大殿上想,江南之地已归己所有,便命画工将江南山川画于殿壁之上。画工答道:"臣未遍迹山川,且才识浅薄,不敢奉诏。"朱元璋勃然大怒:"小奴才,胆敢违旨抗命,是否知罪?"于是命武士将画工推出去斩首。此时画工急中生智道:"陛下息怒。您遍历九州,见多识广,而且是您的江山,您了如指掌,有劳陛下先画个轮廓。"朱元璋一听,转怒为喜,然后挥笔画出了一个轮廓,让画工开始润色。这时画工却说:"陛下江山已定,岂可动摇。"没想到,这句话说得朱元璋心头大喜,不但免去了画工的死罪,还赏了他三百两银子。

从这个范例中，我们可以发现，赞美一定要巧妙。就拿领导的爱好来说，如果你只赞美他的爱好，这样的话他听得太多，必定不会引起多大的兴趣。如果你能虚心地讨教一番，他必定会耐心地向你传授其中的奥秘，而最重要的是，你达到了赞美的效果。

每个人都希望得到别人的赞美，但是绝不喜欢听那些阿谀奉承的话，领导更是如此。做领导的时间太长了，对自己所处的地位和自身能力也有了一定的定位，那些堆砌的辞藻听得多了会让他们反感。要想赞美得不动声色，你就得费一番心思。

赞美是一门学问，一门功夫，里面的名堂可不少。在职场中，并不是所有称颂领导的人都能得到领导的欢心，赞美必须恰如其分，不动声色。而不显山不露水的赞美则更加巧妙绝伦，那么，在现实生活中，我们怎样才能赞美得不动声色，让领导更加受用呢？

第一，间接赞美。在日常生活中，如果我们想赞美一个人，不便对他当面说出或没有机会向他说出时，可以在他的朋友或同事面前适时地赞美一番，这样收到的效果会更好。

美国南北战争开始时，北方联军连吃败仗。后来林肯大胆起用了一位将军——格兰特。他出身平民，衣着不整，言语粗俗，行为莽撞，有人还说他是个酒鬼。林肯心里明白，所有对他的传言都是夸大之辞……后来，竟然有人要求林肯撤掉格兰特的军职，理由是他喝酒太多。林肯则不以为然，他赞扬格兰特说："格兰特总是打胜仗,要是我知道他喝的是哪种酒,一定要把那种酒送给所有将军喝。"格兰特听说此事,非常感动,他没有辜负林肯的信任,为结束南北战争立下了赫赫战功,证明自己的确是一位能力卓越的将军。后来,他还成了美国第十八任总统。

由此可见,间接赞美别人,很容易就会传到对方耳朵里,使对方认为我们是出于真诚的,是发自内心说他的好话,人家就会领情,并感激我们。

第二,别出心裁,让领导耳目一新。领导并非最喜欢称赞自己最多的下属。当听到某个下属千篇一律的赞美时,即使知道对方态度是真诚的,也会感到腻。而这时,如果你能出其不意地说出一些领导没听过的赞美之语,领导往往会十分重视其中的价值。

要学会背后说别人好话

直接赞美别人固然能取得效果，但如果用词不当，就可能使赞美之词沦为阿谀奉承，给对方留下不好的印象，让人觉得你的赞美之词太露骨、太肉麻。如果你担心出现这种结果的话，最好采取间接的赞美方式，着重表达自己对某一类人或物的赞美，同样会收到不错的效果。这样无论使用怎样的溢美之词，都不会显得过于露骨和肉麻，而对方又同样能领会到你的赞赏之情。

在《红楼梦》中有这样一段描写：史湘云、薛宝钗一起劝宝玉好好学习，以后好做官。宝玉对此大为反感，对着史湘云赞美黛玉说："林姑娘从来就没有说过这样的混账话！要是她也说这些混账话，我早就和她生分了。"

恰巧黛玉此时走到窗下，听到了宝玉对自己的赞美，"不觉又惊又喜，又悲又叹"。之后宝玉和黛玉二人互诉衷肠，感情倍增。在黛玉看来，宝玉是在背后赞美自己的，而且不知道自己会听到，这种赞美就不是刻意的。如果宝玉当着黛玉的面说这样的好话，生性多疑的黛玉就可能会认为宝玉是在讨好她或打趣她。

由此可见,背后说别人好话,要比当面恭维别人效果好得多。倘若你在对方背后的赞美传到对方的耳朵里,对方更会因此对你另眼相待。

事实上,这对于每个人都是如此,背后赞美,最能让人他高兴。从我们自己的角度想想,如果在毫无准备的情况下听到有人赞美自己,肯定比当面听到那些恭维之语更让人顺心。

很久以前,有一个国王,他要求臣子每天对自己说一句赞美的话。说赞美的话又不是什么难事,这些大臣每天就变着花样说给国王听。

刚开始国王倒是很新鲜,每天有那么多人称赞自己。可是时间一长,国王感觉这些人说的话都太虚伪、做作。一听到"您是我们最英明的陛下""您的伟业将永垂不朽"这些话,国王就想把大臣拉出去砍了。可是那些大臣也没犯什么错。

有个聪明的大臣看出了国王的心事,于是就想来点"新鲜的",好让国王高兴高兴。

一天,国王要发布新的政令。这一次,这个聪明的大臣并没有像以往那样当面称赞国王,而是故意在一旁悄悄地对别人说:"凡是身居高位的人,大多喜欢别人的奉承,只有我们陛下不是这样,

Chapter4 美言计——没有人拒绝适当的恭维

他一向都不把别人的称赞放在心里。"

而此时,国王正好赶到,在门后听到了这些话,心里非常高兴,马上唤来这个大臣说:"好啊,知道我心意的,只有你啊。"

很快,这个聪明的大臣被升职了,受到了国王的重用。

故事中的大臣是极为聪明的,他采用的就是一反常态的赞美方式,在背后赞美国王,满足了国王想听真诚赞美之言的心理需求。但其实我们都明白,他对其他大臣说的那番话,本身就是说给国王听的,只是在国王背后说恭维话。

背后赞扬别人,更让人觉得真诚、甜蜜,更容易让人满足,这是情理之中的事。所以,人们更容易相信背后的好话,更加欣赏那些在背后说自己好话的人。因此,背后颂扬别人,比当面赞扬更有效。

我们学习背后称赞,不必担心这些话对方听不到,请放心,这些赞美终有一天会传到他的耳中。而且,这一天会很快到来。

具体来说,我们可以这样在背后赞美别人。

第一,将计就计。在职场中,很多领导为了体察"民意",发现对自己有意见的下属,往往在部门内部甚至其他部门安插一些"心腹"。当你下班后,有几个同事邀你去喝酒,或者在酒桌上遇见几个陌生的面孔,搞不好都是领导的耳目。这种场合,你千万不能说领导的坏话,而应该将计就计,把领导大大地赞扬一番,这些赞美的言辞必然会流传出去，领导听到你对他的赞美，就会越发信任你。我们作为下属，一定要有这种"智慧"，否则就被领导"暗算"了。

第二，善于发现对方身上隐藏的优点。"人皆有所长"，即使某人看起来没有可以赞扬的优点，你也要善于寻找和发现，有些优点可能连对方自己都没有在意，这样你的赞美之言自然会显得耳目一新。

第三，跨部门赞美你的领导。领导是爱面子的，尤其是在部门与部门之间，如果领导知道他在其他部门的名声很好，恰恰又是因为你的赞美之言造成的，那么他对你的重视度会提高很多。

背后赞美别人，是各种赞扬方法中最能让人心花怒放的。如果有人告诉我们，某某人在我们背后说了许多关于我们的好话，我们会不高兴吗？这种赞美，如果当着我们的面说给我们听，或许会使我们感到虚假、不受用、不舒服等，甚至怀疑他的动机；而背后赞美，却能突显真诚，因为赞美来自背后，受赞美的人不在现场，不会让人以为这是假情假意或讽刺奚落。这种来自背后的赞美，会使对方感到真诚、感到振奋、感到"甜蜜"。可见，背后的表扬和赞美的确具有神奇的效力。如果你想让对方增加对你的好感，就学会在他的背后赞扬他吧。

Chapter5
巧言说服
——打动人心的说服最有效

古语云："攻城为下,攻心为上。"说服也是同样的道理,在与人沟通中不能逞口舌之利,重要的是心理的较量。善于说服他人的人,都非常了解对方的心理。因此,只要学会运用心理策略,把话说到对方的心坎里,就能真正打动对方,将其说服。

欲进先退，好感让说服变得更容易

相信在日常生活中，大家都有这样的感觉：当你用力去撞一件东西时，如果直接冲过去，往往撞不开它。如果你先后退几步，然后再冲过去撞，就会感觉比之前的力量要大很多。

所谓"欲进先退"，就是表面上的行为和本意是相反的，可实际上是用"退"来取得优势，最终说服别人接受自己意见的一种策略。退让的态度能够显示出你对对方的尊重，从而赢得对方的好感，使其在心理上得到满足。这个时候，你再亮出自己的观点来说服他就容易得多了。

楚庄王非常喜爱一匹马，让它过着养尊处优的生活。最后，这匹马由于太过肥胖而死了。楚庄王非常伤心，决定为这匹马举办一场隆重的丧事，并且还准备用大夫的礼仪来安葬这匹马。百官听说后，都纷纷跑来劝阻。楚庄王大怒，下令说谁再劝阻谁就要被处死。

宫里有一个叫优孟的人，他听到这件事，也想劝阻楚庄王。于是，他就飞似的走进宫殿里，号啕大哭起来。楚庄王觉得很奇怪，就问他说:"你有什么事哭得这么伤心?"

优孟回答:"听说大王的爱马过世了,所以我才这么悲伤。不过,像楚国这样的大国,仅仅用大夫的礼仪来办丧事,这未免太草率了!不足以显示大王对它的宠爱。"

楚庄王听了很高兴,就问:"那依你之见,应该怎么葬呢?"优孟答道:"我认为应用上等白玉雕琢的棺材,用精美的梓木来做外椁,然后通知天下诸侯,使之遣使吊祭,并以王侯之礼安葬。此外,还应建造一座祠庙,放上牌位,追封它为万户侯。这样一来,天下诸侯都知道大王是一个轻人而重马的人了。"楚庄王听了,恍然大悟,说:"寡人的过错,竟然已经到了这种地步!"

在上面的故事中,优孟采用"欲进先退"的方法,首先消除了楚庄王的对抗情绪和排斥心理,进而达到说服楚庄王的目的。这种"欲进先退"的说服方法,在经济谈判中运用得比较多。双方谈判就像是一场战斗,能否灵活、娴熟地运用"欲进先退"的战术,直接关系到谈判的成败。

美国的一家航空公司想在纽约建立一座航空站,希望爱迪生电力公司能以低价供应电力,可是却遭到了婉言拒绝。爱迪生电力公司推托说是公共服务委员会不批准,他们也爱莫能助,所以谈判陷入僵局。航空公司知道爱迪生公司自认为客户多,电力供不应求,所以对接纳航空公司这一新客户不太感兴趣。事实上，公共服务委员会并不能完全左右电力公司的业务往来，说公共服务委员会不同意低价供应航空公司电力，其实只是一个借口。航空公司意识到，再谈下去也不会有什么好结果，于是索性不谈了。与此同时，他们还放出风声，称自己将会建造一座发电厂，这样更划算些。爱迪生电力公司听到这个消息后，马上改变态度，主动请求公共服务委员会出面，从中说情，表示愿意给予这个新客户优惠价格。结果，不但航空公司以优惠的价格和电力公司达成了协议，并且自此之后的大量用电新客户也都享受到了同样的优惠价。

在这次谈判中，航空公司在谈判没有任何结果的情况下，选择先退一步，随即放出假消息，声称自己将要建发电厂，从而给电力公司施加压力，迫使其改变态度，以低价供电。这样，航空公司采取"先退一步，后进两步"的方式，最终赢得了谈判的胜利。

Chapter5 巧言说服——打动人心的说服最有效

动之以情，打动人心更好说服

亚里士多德说过："说服是通过演讲使听众动感情而产生效果的，因为我们是在痛苦和欢迎、爱和恨的波动中做出不同的决定的。"

其实，说服的过程就是一个情感互融的过程。在和别人进行交谈并劝说对方接受自己的观点，或者是在寻求帮助时，晓之以理，动之以情，往往更有说服力，更能加大成功的砝码。

当林肯还在当律师时，有一天，一位老态龙钟的妇女找到他，向他哭诉了自己不久前被欺侮的事情。原来，这位老妇人是独立战争时期一位烈士的遗孀，每个月仅靠领取抚恤金来勉强维持生活。但是不久前，当她像往常那样去领取抚恤金时，出纳员竟要她支付一笔手续费后才能领钱。可这笔手续费太多了，差不多是抚恤金的一半，等于是变相勒索。林肯听完老妇人的哭诉后，感到怒不可遏。他一边安慰老妇人，一边答应帮她打赢这场没有证据的官司。

当法庭开庭后，被告矢口否认，原来，那个黑心而狡猾的出纳员是口头上进行勒索，并没有留下凭据。情况进展对林肯这方十分不利。

轮到林肯发言了,他首先以真挚的感情述说了独立战争前美国人民所受的深重苦难,把听众引入到了对美国独立战争的回忆。然后,他用饱含泪水的神情和语气,述说爱国志士们是如何忍饥挨饿地在冰天雪地里战斗,直到为自由而洒尽最后一滴血的。讲到这里,他情绪激动地说:"如今,所有的事实都已经成为陈迹。1776年的英雄们早已长眠于地下,可是他们那衰老而又可怜的遗孀还生活在我们的身边。现在,其中的一位受到了极不公正的待遇,并且就站在我们的面前,要求我们替她申诉。这位老太太从前也是一位美丽的少女,也曾拥有过幸福而快乐的家庭生活。可是,她已经牺牲了一切,变得贫穷无依,不得不向享受着革命先烈们争取来的自由的我们请求援助与保护。请问,我们能够视若无睹吗?"

林肯的发言到此戛然而止。现场的听众早已被深深感动了,有的人为老妇人流下了同情之泪,有的人想要扑过去痛打被告,有的人还当场解囊相助。最后,在听众的一致要求之下,法庭通过了保护烈士遗孀不受勒索的判决。

林肯没有纠结于案情,而是牢牢地抓住了老妇人是烈士遗孀的这个关键身份,以真挚的情感及富有感染力的语言,引发了人们对遗孀的同情和怜悯,最终说服了听众,说服了法庭,也为老妇人赢得了应该享有的待遇。倘若林肯不能触发听众们心底的情感,那么这个案子恐怕就会是另外一种结局了。

"移植"意见，将你的想法变成对方的意愿

没有人愿意被强迫或者被命令去做某件事情，即使他认为那是自己应该去做的，或者是自己必须这么做。相对于别人的意愿，人们通常更关心的是自己的意愿。

因此，如果你打算把自己的意愿塞进别人的耳朵里，不妨先考虑一下应该怎样去做，如何才能让对方心甘情愿地接受。

罗斯福总统在这方面可谓"高手"，能运用自如。当他还在纽约州当州长的时候，他就跟州内的那些政界要人相处得特别融洽。大家都知道，这其实并不是一件容易的事情。他究竟使用了什么妙方呢？其实很简单，那就是当他想要别人同意某一件事情、某一项决定的时候，他总是想方设法让对方觉得那是对方自己的主意——谁会不同意自己的主意呢？

罗斯福曾经成功地推行了一些这些政要本来不喜欢并且也不会让其通过的方案。我们不得不佩服罗斯福的领导才能。他是怎么做到的呢？比如，当一个重要的职位空缺的时候，罗斯福会请那些政

界要员来推荐合适的人选。一开始，他们推荐的是一个不受欢迎、需要被照顾的人选，但是罗斯福告诉他们，这样的人选公众肯定不会喜欢。接着，他们推荐了一个没有多大本事可也没有多大缺点的人。罗斯福同样告诉他们，这样的人公众也不会喜欢。然后，他们推荐了相对来说比前两次要好的人选，但还是不理想——实际上，这个人根本不符合罗斯福的要求。

罗斯福并没有说出来，而是对那些政界要人表示感谢，因为推荐人选确实是一件比较麻烦的事情。罗斯福请他们再次慎重考虑，以求达到一个完美的结果。他们也觉得，这样的人选确实不理想，于是就推荐了第四个人。这个人也是罗斯福理想的人选。最后，罗斯福任命了这个人，并把功劳算在那些政界要人的头上，就这样取得了皆大欢喜的结果。这时候，罗斯福趁机说："各位先生，刚才我做了让你们高兴的事情。而现在，我想该是你们让我高兴的时候了吧？"接着，他就提出了自己的方案，而那些反对者们也表示支持这个方案。

即使在做了总统以后，罗斯福也一直在使用这个方法。无论什么事情，他都尽可能多地去征询别人的意见，并对他们的建议表示理解和尊重。当罗斯福需要别人同意自己的意见时，也往往想办法让对方觉得那是对方自己的主意，而罗斯福只是听从了他的建议而已。

如果你想要别人赞同你的观点，就必须想法让对方觉得那是他自己的主意，而不是你的命令，这样他才会欣然接受。

让别人以为那是他自己的主意，可以算是一种逆向思维。当你不能轻易地说服别人的时候，何不让他自己去说服自己呢？影响一个人最好的办法，就是在不经意间把一种意见"移植"到他的脑海中，从而变成他自己的意见。为此，你只需适当地给他几点提示，让他主动思考下去，他就会得出跟你一样的结论。不过，需要注意的是，你这么做的意图不要过于明显，否则会让他产生抵触情绪。

剥茧抽丝，诱导对方否定自己的不当观点

我们每个人在说话做事之前，心里都应该有一个完整的计划。每一步要怎样诱导，怎样发问，在谈话之前都应当经过深思熟虑。这种环环紧扣、步步深入的谈话策略，可以诱导对方否定自己的不当观点。

某饭店服务员王小姐拾到一部顾客遗失在店内的手机，想悄悄据为己有，却被领班李大姐发现了，让她上交。

可是，王小姐却说："手机是我拾的，又不是偷的，更不是抢的，不上交也不犯法。"

李大姐说："小王，你知道什么叫不劳而获吗？"

王小姐生气地说："不知道！"

李大姐说："不劳而获就是指不经过劳动而占有劳动果实。"

"您怎么也学会咬文嚼字了？"王小姐有些不耐烦了。

李大姐耐心地问道："你说，抢东西是不是不劳而获？"

"是的。"

Chapter5 巧言说服——打动人心的说服最有效

"那偷东西是不是不劳而获呢?"

"当然也是。"

"那拾到别人的东西据为己有,是不是也是不劳而获呢?"

"这……当然……"王小姐说不出话来了。

李大姐顺势说道:"拾到别人的东西据为己有,与偷、抢得来的东西,在不劳而获这一点上是一样的。除了不触犯国家法律外,我们还应当具有一定的社会公德。再说店里也有工作守则,拾到顾客遗失的物品一定要交还。你可千万别犯糊涂啊!"

经过李大姐的劝说,王小姐终于认识到了自己的错误,就把手机交了出来。

剥茧抽丝,逐步引导,层层深入,让对方在心理上慢慢接受你所说的话。从理论上来讲,这种说服方法符合心理学的基本规律;从实践结果来看,只要运用得恰当巧妙,就肯定能收到理想的说服效果。

战国时期,公输盘替楚国制造云梯,准备用来进攻宋国。墨子听到这个消息后,赶忙从齐国动身,走了十天十夜,到楚国的郢都去见公输盘,劝他不要为楚国建造云梯去攻打宋国。

见面后,公输盘问道:"先生有何指教?"

墨子故意说道:"现在北方有人想侮辱我,我想借您的力量去杀了他。事成之后，我送您一千两黄金作为酬谢。"

公输盘很不高兴，断然拒绝道："我是讲仁义的，不能随便杀人。"

墨子见公输盘口称"仁义"，正中下怀。他立刻借题发挥，慷慨激昂地说："请允许我向您进言。我在北方听说您造了云梯，想要去攻打宋国。可是宋国有什么罪呢？楚国本来就地广人稀，却拼命在战争中葬送自己本来就数量不多的人民，去争夺更多的土地，这不能算作聪明；宋国并没有罪，可是您却要去攻打它，不能算是仁爱；懂得了这个道理，可是却不去身体力行，以理抗争，不能算是忠臣；抗争了却没有达到目的，不能算是坚强；杀一个人认为是不义，却要去杀更多的人，不能算是会类推事理。"

公输盘被墨子说得哑口无言，只好承认自己为楚国造云梯去攻打宋国是错误的。

在这个小故事中，墨子先借由请求公输盘助他杀人的一番话来做诱饵，诱使公输盘亲口说出"我是仁义的，不能随便杀人"，然后步步紧逼，连连责难，使公输盘欲辩无词，只好承认自己的错误。

Chapter6

适时拒绝
——别让"勉强自己"成了一种习惯

生活中总是有人和事包围着你,遇到不合理的、不正当的,超出我们能力范围的事情,拒绝当然不可避免。懂得拒绝是一种能力,更是一种艺术,而"拒绝得体"又是这门艺术中的最高境界。不温不火就能让对方知难而退,还能让人心情顺畅,实在是一种高明的人生智慧。

无声回应,沉默是最好的拒绝

有位学者从事教育评论工作,所以经常参加一些家长会之类的活动。在这些活动中,大家会请他演讲。但在演讲过后,他常常会感到很尴尬:"每当这个时候,我都会习惯性地说,'大家有什么问题吗?可以提出来。'但是结果让我感到很难受,因为最常见的状况就是冷场。基本上很少有人发问,全场鸦雀无声,众目睽睽盯着台上的我。这让站在台上的我顿时有不知如何自处的感觉。"

学者遭遇了很多类似的"冷场"情况,经过观察之后,学者发现一个事实:听众的沉默,让演讲者不知所措,这种现象非常普遍。学者感到有些奇怪,因为在刚刚开始讲话的时候,演讲的人开玩笑,大家就会笑,甚至还有很多人都会热心做笔记,这说明很多人都在认真听他的演讲。然而到了演讲结束之后,居然连一个发问的人也没有,难道没有问题吗?这怎么可能呢?

这种尴尬的沉默现象,经常让学者感到黯然,也许是因为他太过敏感的缘故,他太在意自己表现的好坏了。大家听了自己的讲座,竟然没有问题,这似乎说明自己的演讲没有引发听众的思考,同时也似乎说明听众对于演讲没有兴趣。他觉得自己实际上就是被人忽视了。很多演讲的人都会有类似的经验，就是在以情绪活跃的学生或企业人士为对象的演讲会上，也有同样的情况。

在此，我们不讨论造成这种现象的原因，只讨论沉默给人的感受。就像那名遭遇"冷遇"的学者，沉默让他感受到自己被忽视、被拒绝。对此，我们是能够想象的，被沉默对待时的感受绝对不会美妙。但是如果我们明白沉默对于拒绝的意义，也许心情会顿时好很多，特别是对于正不知道如何拒绝的人来说，会发现沉默的拒绝效用具有非同寻常的意义。事实上，沉默也许是最有效的拒绝方式之一。

生活中很多人不知如何表达拒绝，心里不断地演练拒绝的言辞，可一旦面对对方又下不了决心，总是会觉得尴尬和惭愧，因此话到嘴边，就是说不出来。这个时候，你可以干脆不说，以沉默来应答。学会沉默，能够帮助你拒绝很多事情。在我们遇到一些不愿牵扯进去的麻烦事时，利用沉默来表达拒绝，会更加自然。

例如，刚进入一家单位，就有人送来请帖，请你去参加一个聚会。如果你不想去，可以不给予对方任何回复，这样，一般人都会明白你的意思。这种沉默的方法能达到拒绝对方的目的，同时也避免直接拒绝带来的尴尬。

当然，并不是所有的事件都可以沉默以对，沉默拒绝的方法也有一个适应性的问题，这种方法更加适合运用于那种特别容易陷入争论的事情上。

我们知道,"不"是一个令人失望和沮丧的字眼,因为对被拒绝的人来说,这个字意味着完成某件事情的希望又少了几分。如果对方极度渴望实现自己的目标,那么他必定会想方设法用各种理由来说服你不要拒绝。

就算你明确告诉他拒绝的理由,并且给他指明其他出路,他依然会不依不饶、纠缠不休,这样一来,你们之间势必会展开一场激烈的争论。

无论争论的结果如何,对你来说都是有弊而无利的。因为即使对方理解了你拒绝的原因,你终究已经在这件事情上浪费了大量的时间和精力,这与你躲避不必要的麻烦、完成应该做的事情的原则是完全相悖的。

而且,如果你稍微心软一点,在对方咄咄逼人的攻势下,你就会不慎掉入不得不接受的陷阱,到时候你就亏大了!

例如,当一个银行业务员向你推销信用卡时,你拒绝对方说:"对不起,我已经办了好几张信用卡了,所以不需要。"

那么,对方很可能抓住你回答中的弱点进行反击:"是吗?那您每天带着好几张信用卡出门,一定觉得很不方便吧!"

"还好吧!"你的回答通常会是这样,而这就进一步给了对方可乘之机:"其实您完全可以把这些卡丢掉,只要您办了我们银行新推出的信用卡,就可以一张卡走遍天下了,您在全球八百多个城市都可以随时享受我们优质的服务。因为这个月是推广月，现在办还有礼品赠送，并且可以享受免年费的优惠……"

怎么办？原本是想拒绝对方，却因为言语不到位而使对方更加有机可乘了。更有意思的是，自己拒绝的理由反而成了对方进一步推销产品的理由。无论结局如何，被对方打扰已经是无法挽回的事实了。

因此，如果你觉得有求于你的人是个辩论高手，或者自己不够狠心，很可能被对方的凌厉攻势驳倒，那么最好的应对方法就是以沉默来拒绝对方。因为没有了回应，再伶牙俐齿的人也无法抓住语言中的弱点来顺势进攻。

在日常生活中，当我们遇到类似上述的情况时，即便对方舌灿莲花，把产品吹得天花乱坠，只要我们保持沉默、不予理会，不消几分钟，对方就会自知没趣，灰溜溜地走掉。因为他们得不到预期的回应，气势和信心就会随之降低，直至最后彻底放弃。在沟通中，你的沉默和无言将不断地消磨对方的热情，让人失去继续说下去的信心。

沉默是最好的拒绝，当我们想要表达自己的拒绝而又不知道如何做时，不妨用沉默来代替言语，这样往往能收到"无声胜有声"的效果。但是，沉默并不是万灵丹，当别人对我们提出某些不合理的要求时，如果我们还沉默以对，就会助长对方的气势。

截话拒绝,表明态度使对方知难而退

一个小伙子和一个姑娘在一起工作,渐渐地小伙子对姑娘产生了爱慕之情,姑娘也发现了某些苗头。小伙子期盼表白自己的心意,获得爱情,于是就鼓足勇气对姑娘说:"我想问问你,你是不是喜欢……"姑娘似乎很紧张,她当即就把话截断:"你给我借的那本公关书,我很喜欢啊,我看了两遍,很不错。"

小伙子以为姑娘没有理解自己的意思,又说:"嗯,你看不出来我喜欢……"没想到姑娘又打断道:"我知道你也喜欢公共关系学,以后咱们一起交换学习心得吧?"小伙子说:"嗯,好。你有没有……"姑娘再次打断对方的话,抢答道:"有哇!互相切磋,向你学习,我早就有这个想法。"

此时,小伙子总算明白过来,这姑娘无意和他发展恋爱关系,于是只好放下心思,和姑娘聊起公共关系学。小伙子心里有些惋惜,同时也有点儿庆幸:好在没有将心意挑明,否则两个人难免会觉得尴尬。

Chapter6 适时拒绝——别让"勉强自己"成了一种习惯

姑娘三次截话,可见其伶俐聪明,这样拒绝,显然要比等话问出来后再拒绝好很多。运用截话的技巧说"不",最值得称道的地方,就是不用将事情挑明,可以在避免尴尬的同时,让人领会我们的拒绝意思,从而自动放弃。当然,截话拒绝并不是每个人都能用的,它要求截话者才思敏捷,表达技巧娴熟。

我们都知道,打断别人说话是一种不礼貌的行为,很容易让人反感。通常情况下,我们最好不要打断别人的讲话。然而在拒绝他人的过程中,就可以利用这种方法,使得说"不"更加灵活。一个人说话被打断,一定会觉得很扫兴;而不断地被打断,则会让人失去继续谈下去的兴趣。想要表达拒绝,就不妨采取此法。

要注意,截话拒绝,一定要赶在对方还没有说出,或者还没有完整说出某个意思时就截话。为什么不等对方说清楚,就要截话呢?主要有两个方面的原因。

第一,避免对方说出秘密的事情。如果你等对方把话全说出来后再拒绝,可能就晚了。因为对方可能会说一些秘密的事情,当你完整听到对方的话,就不可避免了解到秘密,这样一来,你就不得不参与进去。如果你听了对方的秘密,你又不参与,以后事情出了变故,对方就可能怀疑你泄露了秘密。

第二,避免听完话时行事被动。当对方把事情都说清楚之后,你再想拒绝,就可能会觉得很被动。特别是对方讲一个悲惨的故事,可能就会让你深陷于对方描述的情状中,再也不好意思拒绝对方的请求了。

基于这两种原因，快速截断对方的话，对于拒绝而言，具有十分重要的意义。因此，考虑到对方要问什么，在他的问话未说完时，就迅速按另外的方向思路作答，一是可以转移其他听众的注意力，二是可以使问者领悟，改换话题，免于因说破造成尴尬局面和其他不良后果。

截住对方的话，让他的请求出不了口，这样可以很好地避免尴尬的状况。采取这种策略，对方不会觉得你不礼貌，因为他的内心所思考的问题，已经并非你的礼貌，而是你的态度。

从你的行动中，他可以比较明确地了解到你不愿接受的态度。聪明的人看到你这样做，会很快明白过来。对于那些不能马上明白的，你无法挑明，就可以继续不停地打断他的讲话。这样三五次下去，他自然就会回过味儿来。

不过，在采用这种策略时，要掌握一定的技巧和方法。

首先，截断对方的话之前要摸准对方的心理，对方刚开口说话，你就要知道他要说什么，所谓"未闻全言而尽知其意"，这当然要求很高。如果你无法做到这一点，就不要胡乱截话。

其次，要能截得自然而恰当，比如从"喜欢人"而变成"喜欢书"，能瞒过在场的其他听话人。

最后，截断说话往往需要几个回合才奏效，因为抢一两次，对方还不能领悟答话者的真意，或者略略知道而不甘心，继续发问，这就要求连续多次，才能不漏破绽，达到目的，所以说这种方法难度大，技巧性强，但运用得当，效果特佳。

截断他人说话的时候，一定要讲究时机和技巧，恰当而巧妙地把自己的话插入到"正题"中去，不仅不会令说话者陷入难堪的境地，还能引导和激发对方的谈话兴致，从而有助于交谈和谐、融洽地进行。由于面对的情况与场合不同，插话时也必须使用不同的方法。

其一，当对方情绪不好时。在谈话过程中，如果对方脾气不好或情绪波动较大，就有可能在叙述时不能控制自己的感情，从而让交谈不能很好地进行。这时候，我们应该适时地插进一些话来疏导对方，比如"你一定很生气吧""你今天好像心情很烦躁""你心里很难过吗"等。听到这样的话，对方往往会就你问的话题发泄一番。当对方发泄完了，他就会感到轻松很多，这样交谈就能顺利进行下去了。

值得注意的是，适当地使用这种委婉话术，不要陷入盲目安慰的误区。不要轻易对对方的谈话作出判断或评价，说一些诸如"你是对的""他不是这样的"之类的话。我们要做的只是顺应对方的情绪，为他铺设一根"输导管"，而不是"火上浇油"，强化他的负面情绪。

其二，当对方犹豫不决时。在交谈过程中，当遇到对方由于担心我们对某个问题不感兴趣，表现出犹豫不决、吞吞吐吐、欲言又止的样子时，我们不妨说一些打消对方顾虑的话，比如"你能跟我详细说说那件事情发生的经过吗？我知道的不是很全面""继续说，我居然不知道""我对你说的这件事情很感兴趣"等，让对方知道我们愿意听他说，从而激发他继续说下去的欲望和兴致。

其三，当对方急切地想让我们理解他的谈话内容时。当对方向我们讲述某件事情或某个问题，表现出迫切地想要我们理解他所说的事情或问题时，我们不妨用简单的几句话把对方的意思总结一下，比如"你的意思是……""你觉得事情是……""你是想告诉我……"等，使对方知道我们已经了解了他的意思，这样对方才会继续说下去。总结、复述对方的谈话内容，可以及时让对方了解我们对他谈话内容的理解程度，不但能让对方感受到我们的真诚和热情，还便于对方纠正我们在倾听中出现的偏差。

截断他人的话，除了要注意上述方法外，还要注意以下几点原则。

首先，要学会顺题立意。你应该将自己的目的设定为表明自己的观点，而不仅仅是拒绝。如果根本没听明白对方的谈话而抢插、乱插，乱发评论，乱下结论，就是不尊重对方的表现。所以你截断他人说话的时候，应尽可能顺着对方所说的话题展开自己的话，如果需要转换话题，应先对对方的观点予以肯定和赞同，再用"不过""但是"等转折词过渡，这样才能有效避免对方的误解和反感。

其次，要注意措辞方式。措辞是否恰当得体往往会直接影响你的说话效果。措辞得体，对方不但容易接受，而且有利于谈话继续下去；措辞不当，则很容易引起对方的反感，不利于交谈的顺利进行。因此，最好选择中性感情色彩的措辞，既不要对对方的谈话内容及言论发表任何评判，也不要对对方的情感进行任何是或非的表达。

最后，要做到真诚和善。人与人交谈，贵在真诚和善，截话也是如此。千万不要表现得自以为是、心高气傲和哗众取宠，以免让人极度反感。

拖延战术，时间也可以成为拒绝的理由

众所周知，拖延是一种恶习，会令人厌恶。生活中有许多人都深受拖延之害，给自己带来困扰。在我们看来，拖延是应该被清除的坏习惯。但是坏习惯并不等于不能带来好的效应。如果用到合适的地方，坏习惯也会变成好习惯。拖延就是这样，如果将之用于拒绝，便有无穷的妙用。特别是在某些事情立即决断不符合我们的利益时，直接拒绝对方会导致尴尬，又容易伤了感情，这时怎么办呢？就用拖延的方法。

比如，竞价的事情，如果你太快决断，价钱不会太高；如果你当即拒绝对方的竞价，则可能会让对方即刻就走出竞价谈判席。既然如此，你就不妨多扯皮，把竞价的时间不断地延长，这边不紧不慢地谈着，那边等着更高的价位出现。

拖延战术对于不敢拒绝的人来说，简直是福音。选用拖延战术，好处也很明显：你用不着下决定，用不着点头或者摇头，而只是让求人者迟一些时候再来。例如，你可以说："我的任务现在排得满满的，你能不能两星期以后再来找我？"他会把"两星期后再来

找我"这件事加进自己的备忘录里,但也有可能早把你忘了。有的时候如果你连着拖延了两次,他就会放弃了。当然,老是拖延一件事也不好,这会让别人觉得你的人品有问题。一般在两次拖延之后,在别人第三次求你的时候,你就应该给出一个较为明确的答复。

人的耐心没有我们想象中那么好,所以如果你想拒绝他人,采用拖延战术,效果往往很显著。这一战术的一大特点,就在于能够尽可能地消磨掉对方的耐性和意志,从而避开请求。拖延战术很容易让人感受到"不愿"的意味。当对方提出要求时,你迟迟没有答应,只是一再表示要研究研究或考虑考虑,那么对方马上就能了解你是不太愿意答应的,不需要你明确地说"不",对方就会感觉到你的拒绝之意。

并不是所有的事情都能够拖,如果是已经承诺的事情,一拖再拖是不明智的。这里的一拖再拖指的是还没有给出承诺之前,暂不给予明确的答复。也就是说,当对方提出要求时你迟迟没有答应,只是一再表示要研究研究或考虑考虑,那么聪明的人马上就能了解你是不太愿意答应的。

如果你知道对方的求助很急,必须立即处理,而你又想拒绝他,这时候你就可以采取刻意拖延法。比如:"这件事没有问题,不过这两天我要去外地出差,等回来后就帮你处理,可以吗?"既然事情无法立即由你来完成,对方又比较着急,所以他只得另谋他途。但如果是已经答应了别人的事,运用这种方法则是不对的。

事实上，生活中有很多事情都不适合太快地决定，三思而行是慎重的表现，也是你拒绝他人最好的借口。你可以回答对方"我需要考虑"，或者"我要看一下自己的安排"。当然，这样的话通常不能拖太久。一般采取这种策略，是你有打算与之进行讨价还价，将谈话进行下去。如果你并没有这样的想法，完全可以即刻拒绝。

通过这样拖一下，我们可以赢得思考的时间，既可以帮助我们想合适的办法来拒绝对方，也可以帮助我们想办法获得最惠待遇。但是我们必须记住，在我们赢得了片刻时间的同时，对方也同样有了思考和缓冲的余地，他也一定在想办法应对我们。所以如果你没有打算商量下去，最好的办法就是直接找理由拒绝，如果当时实在找不到合适的理由，可以用这样的话来打一下掩护，先撤出来思考一下。

当然，并不是什么拒绝都可以拖，有的事情不能拖，特别是在适合拒绝的时机已经出现时，绝不能再拖，应该果断而迅速地说"不"。另外，针对不断纠缠和你特别讨厌的人，也不宜拖延，应当速决，以免没完没了地打扰你，干扰你正常的情绪，影响你的心理健康。

有的人找理由拒绝，偏偏找一些有漏洞的理由，与其如此，还不如迅速做出决断，爽快地拒绝。比如，朋友求你帮他做一件事，而你又不想答应他，如果你推说："今天没有时间。"那么对方很可能会说："没关系，你明天再帮我做好了，这件事就拜托你了。"又如，朋友想转让给你一件衣服，而你不想要，如果你推说："我的钱不够。"那么对方很可能会说："你先拿着吧，钱以后再说。"再如，别人邀请你跳舞，而你又不愿意跟对方跳，如果你推说："我跳不好。"那么对方可能会说："没关系，我慢慢带着你跳。"这样一来，你就很难再拒绝对方了。

以上的例子说明两个问题：第一，有些事情不适合拖延，假如想要拒绝，便应该当机立断；第二，拒绝的理由一定要合适而充分，上述这些都是一些经不起推敲的理由，一经对方反驳，你所建立的拒绝防线就会像马其顿防线一样，成为空话和笑话。

因此，面对有些情况，不如直截了当地用比较单纯的理由拒绝对方："你托办的这件事我办不了，请原谅。""这件衣服的款式和颜色我不太喜欢，很抱歉。""我已经约好舞伴了，不能跟你跳，对不起。"这样说虽然显得生硬一些，但拒绝的理由单纯明确、无可辩驳，可以避免对方的继续"纠缠"。

在现实生活中，很多人碍于情面，不愿意直接说"不"，而是随便找一些不值得一驳的理由来搪塞对方，以求得一时的解脱。这种方法其实并不好，因为对方往往可以找其他理由继续跟你"纠缠"下去，直至你答应为止。

记住，使用拖延战术来拒绝他人的时候，一定要有分寸，特别要注意的是，这种办法不能频繁使用，常用它可能会让人觉得你这个人拖拖拉拉。

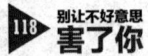

未雨绸缪,提早把麻烦挡在门外

小梁是一个特别热心的年轻人,别人有什么事情的时候,总会请他来帮忙,而他总是能够把事情办得妥妥帖帖,让人放心。因此进入公司之后,小梁就很受同事们的欢迎。但是随着大家对小梁的认同,他乐于助人的形象深入人心,以至于找他帮忙的人也越来越多。这让他有些忙不过来了。

有些人甚至把找小梁帮忙当成了一种习惯。比如,老周常常请小梁帮忙整理电子文件,对电脑不熟的李姐则不时请他帮忙检修电脑,而市场部的主管也看上了小梁的勤快,总是打电话让他帮忙整理报告……

开始的时候,对于这些请托,小梁总是来者不拒,无论是谁,只要请他帮忙,他便会立刻施以援手。但是时间一久,他就发现,自己帮助别人做的事情,远远超过了自己分内的事情。而且,最糟糕的事情是,大量时间花在了帮助他人做事情上,导致小梁的分内工作总是会出现一些问题,为此每到月底他都要被上司批评。

如果继续这样下去,小梁很清楚自己的下场,自己肯定会被老板扫地出门的。于是小梁暗下决心,要把主要精力放在工作上。然而事情并没有想象中那么容易,因为大家都习惯得到他的帮助,所以请托总是络绎不绝,他根本无法专心工作。怎么办?对这些请托直接表示拒绝虽然有效,但他的工作思路仍旧会被打断,而且更为糟糕的是,可能会惹人不快,导致同事关系紧张。

小梁想了想,便决定先下手为强,把请托的门先堵住再说。每到上班的时间,他就先把桌上的电话线悄悄拔掉,反正需要联系的客户,已经联系过了,整个上午,已经没有什么特别重要的电话。这样市场部主管的电话就打不进来了。

然后就是应付老周,通常老周的电子文件都是在下午三点后整理,于是小梁便把约见客户的时间定在两点半。这样一来,老周只能自己动手,把报告资料输入计算机。

至于李姐维修电脑的事情,拒绝起来就比较方便了,他可以直接说:"等我忙完这点儿事情,就过去帮你弄好。"结果往往是小梁把自己的事情忙完再过去的时候,等不及的李姐已经找别人将电脑的问题处理好了……经过这种调整,小梁规避了很大一部分请托,把麻烦挡在了门外,终于得到了清净。

在中医理论当中,有一条特别著名的观点,即所谓"治未病",就是在还没有病之前,做好预防工作,争取不生病,而不是总想着生病之后去治疗。这种思想也让我们学会了未雨绸缪地做事情。在拒绝的过程中，实际上也要具备这样的思想，努力先将麻烦挡在门外。小梁拒绝请托的例子，就是这一思想的实践，值得我们学习。

如果问"防患于未然"和"亡羊补牢"哪一个更好一些，答案是不言而喻的，当然是前者。"亡羊补牢"，虽然能够最大限度地帮助我们挽回损失，但是毕竟是在问题发生之后的补救措施，终究不可避免会受损失，给自己带来麻烦。相较之下，"防患于未然"，则要好很多。依靠某种预警机制，把问题发生的概率控制在最小的范围内，产生的损失自然比较少，甚至可以避免受到损失。

如果把问题出现之后的拒绝比作亡羊补牢，那么先知先觉，提前避免问题的出现，就是防患于未然。这种预防性的拒绝技巧，不仅能够帮助我们化解麻烦，更为重要的作用在于，它能够帮助我们消除正常生活和工作中的各种莫名的干扰。

比如你正在专心工作的时候，如果突然受到打扰——朋友的电话、上司的临时任务、同事的请托等，因而不得不中断工作，转而去处理这些突发事件，待处理完这些琐碎的事情之后，要想再回到刚才高效率的工作状态，就很困难了。而这些突发的打扰，会导致我们的生活和工作质量下降。

对于这些琐碎的事情，如果我们一件件地去拒绝，无疑会是亡羊补牢的效果。因为事情毕竟已经发生了：电话响了，我们不得不接；上司临时下达任务、同事的请托，即使我们找到理由去回绝，工作的思路和灵感也已经被打断了。你要重新进入良好的状态，调整自己的情绪，就需要花费更多的时间。

最为糟糕的事情在于，突发的干扰频繁出现，你还不太好拒绝。因为你不断地表示拒绝，就可能会让周围的人感觉你缺乏进取心和团队精神。所以在拒绝的事情上，尽量不要亡羊补牢，而应防患于未然，设法在请托还没有发生的情况下，先将之挡在门外，避免那些突如其来的干扰，打乱自己正常有序的工作状态。

营造环境，让对方产生心理压迫感

有个商人曾因为事业上资金周转困难，造访银行家，希望获得贷款，最终却遭到了拒绝。事实上那个银行家和他的关系很不错的，曾经还在一起喝酒。以前二人会面的时候，都是坐在较矮的椅子上，椅子高度一样。然而这一次，不知道是有意还是无意，他发现自己和银行家失去了平等对话的地位。

对于商人来说，这次会面一开始就不顺利，他先被带到了会客室，而银行家迟迟没有露面，这让他有些焦虑。过了好一会儿，银行家才出现。刚进门的银行家说："呀，让你久等了。"虽然招呼似乎很客气，但他发现银行家的脸上并没有愉快的笑容。然后，银行家就在一张比较高的沙发上坐下来，接着按下背后台灯的开关。

这时商人发现，原本感觉开阔的会客室，似乎因为光线明暗的变化，变得狭小而压抑了。整个房间照明不是很亮，由于商人是面对台灯的光，觉得灯光很刺眼。他不知道这是否是对方早已经设计好的，反正觉得很不好说话。他看不清对面银行家的面目，感觉自己就好像是一个被审讯的犯人一样。

在这样的情况下，尽管他准备了很多说服对方的资料，但在说话的时候，总觉得自己有点畏缩，始终放不开，说出的话似乎缺乏某种力度和激情。银行家没有说太多的话，语气很平和，但在这种环境中的商人始终有一种缺乏底气的感觉。结果银行家拒绝了商人的借款。而商人突然发现，对方的拒绝竟然让自己有种如释重负的感觉。他一度以为自己的心理是不是有毛病。

为什么会这样呢？其实道理很简单，奥妙就在于环境所营造的压抑氛围，让他处于一种弱势的地位，这深深地影响了商人的表现和他的心理。就像银行家背后的台灯，对商人造成了严重的干扰，这让银行家很容易说出拒绝的话来。而对于银行家来说，背后的光能发挥如同影子的心理效果，使他显得比实物更加高大和有气势。

在会面开始之前，银行家拖延出场，让商人心生不安，接着会面开始，让商人坐在较矮的位置，同时使自己坐得更高一些。最关键的是那盏台灯。局促的光照使得原本宽敞的空间变得逼仄压抑。而且，商人的眼睛还被光照着，这更加重了他的不安。

从视觉的心理来说，人对光源的不调和较不易接受，故明暗度的突然变化，会引起为了适应这种变化的顺应现象。在顺应没有完成之前，心理上的动摇是不可避免的。据说警察就会利用这种技巧来审讯嫌疑犯。

我们看电视里面，审讯犯人的警员坐在较暗处，嫌疑犯则坐在亮晃晃的电灯下面。这样做的目的，就是让嫌疑犯在心理上产生不安定的感觉，从而将事情真相供认出来。

基于这样的认识，我们在拒绝的时候，也可以采用这种环境营造的技巧，达到"不战而屈人之兵"的目的。如果是白天，没有开灯的必要，你可以背窗而坐，这有同样的效果，而且这样在拒绝的时候，效果可能会更好些。因为面向窗户的人，视线朝向窗外，繁杂之物映入眼帘，会使他无法集中注意力。即便窗户被毛玻璃隔绝，看不到零乱的杂物，也会影响人的心理。根据一些研究者分析，毛玻璃不清晰的亮度会让人产生不安的感觉。

除了背光而坐，增强自身优势之外，还有一些其他的方法，也可以达到提高拒绝力的效果。比如利用主场优势。

我们都知道在运动场上，影响决胜的因素有很多，其中有个特别重要的因素很难避免，那就是主场优势。世界杯比赛中，主办国的球队往往会获得很大的决胜优势，平时可能根本进入不了前列的球队，因为具有主场优势，便可能晋级为强队。

因为对于主场的熟悉感，而不会怯场。客场球队则会因为陌生感而变得拘束，这会使人的实力无法正常发挥。其实这种情况同样体现在交流和沟通上。

当我们到他人的家里说话时，很容易变得拘束起来。在不能不拒绝的时候，这种拘束的心理会让我们失去优势。基于此，我们要尽量选择熟悉的场景，增强我们的气势，以便更好地表达拒绝。

当然，不限于自己的家里，也可以选择自己熟悉的咖啡店或酒吧见面，因为你所熟悉的桌子、椅子、亲密的服务员，都是支持你的强力盟友。这边是盟友众多，对方是孤军奋斗，一旦让对方有自陷孤立之感，我们就稳操胜券了。

如果这样，对方还是要执拗地发出请求，那么我们还可以设法请伙伴或店里的人给予我们一些支援，让他们来证明你的情况，说："你问问他，他可以作证，我从来干不了这种事！"随时有友军出来支援，也是根据地的有利之处。对方不知道"敌人"在何处，更会感觉不安。如何创造有利于自己的状况，是拒绝时必须考虑的问题。

有个编辑约稿，对象是一名大学教授。编辑先给教授打电话，说明自己约见的目的，但是教授的口气并不好。尽管如此，编辑依然很有信心说服他。然而，当编辑到了教授家里，对方没有在会客室见他。教授说："对不起，会客室还没有整理好……"然后将他引到了书房里去。

教授坐在桌子前，与编辑面对面。编辑开口说出想要拜托的事情，但他发现平时出口成章的自己此时总是气势不足，他感觉自己说得很不顺畅。在交谈的过程中，教授很随意地点燃他的烟，而编辑始终在弥漫的烟气中忍受着难闻的烟味。最终编辑没有达到目的，便打道回府了。

那名编辑很不幸,被无言的拒绝打退。他回想起这段经历,就说:"我的表现实在太差了,前所未有的差劲!倘若是在会客室之类的半公共场所交流,我想我的表现会好一些。但那是一个十分私人的场所,在那里,我总有一种十分拘束的感受。"

书房是颇为隐私的场所,而窥视别人的隐私,则会让人紧张不安。当编辑踏进教授的书房,就难免坐立不安。

这次经历让编辑深受启发,此后他也采用同样的方法拒绝,效果非常好。当然,使用这个方法并非一定要在书房。只要把对方带入自己熟悉的领域,交谈就能占据优势。

Chapter 7

委婉发泄
——每个人都有表达不满的权利

在人际交往中，我们常常会碰到一些让自己不满或者窝火的事情。如果不说出来，心里只会更憋闷，所以总想表达出来。但是表达得过于直白，势必会影响双方的关系。这时，我们不妨换种方式，绕个弯子说出来，这样既能表明自己的态度，又不会伤到和气。

软中带硬，使对方无力还击

从人的心理感受来讲，话语有以下几种：一种是温和友善、虚怀若谷，这种说话方式很好，就像一根柔软的藤条，能用来编织美丽的花篮，却不能用作支撑重物的梁柱；一种是有棱有角、理直气壮，这种说话方式，就像一辆不能转弯的汽车，只能在笔直的公路上行驶，不能适应弯弯曲曲的小道。那么，有没有一种兼具两者之长，又能避开两者之短的说话方式呢？有，那就是软中带硬的话语。

那么，什么是软中带硬的话语呢？

三国时，曹操率大军南下征吴。干戈未动，先致书吴主孙权，曰："今统雄兵百万、上将千员，欲与将军会猎于江夏。"这里没说征讨，而是用了"会猎"两个字，把百万大军的决战寓于轻松、友善的辞藻之中，可以说是"软中带硬"的典范。

由于某些原因，我们难免会遭到别人的批评或攻击，这时千万不要出言顶撞，以牙还牙，而应考虑到当时的环境以及自己的风度。我们不妨用软中带硬的语言予以回击，优雅而不失风度地表达出自己的观点。这种方式看似温和，实则刚猛，一点儿也不含糊。

英国大作家萧伯纳年轻的时候身体很瘦弱。在一次宴会上，一个大腹便便的资本家取笑他说："萧伯纳先生，一看到你，我就知道世界上正在闹饥荒。"在场的人听了这话，都不免为萧伯纳捏了一把汗。萧伯纳却彬彬有礼地回答道："我也一样。一看到您，就知道世界上闹饥荒的原因了。"机敏巧妙、软中带硬的反驳，使在场的人敬佩不已。

在工作或生活中，当受到某种不合理阻挠或不公正待遇时，不妨采用这种"软中带硬"的话语来应付。

有一家公司餐厅的伙食很差，可收费很昂贵。职员们经常抱怨吃得不好。有一次，一位职员买了一盘香酥鸡，却发现没有鸡腿。于是他就对着餐厅负责人叫起来："上帝啊，这只鸡没有腿，怎么跑到我这里来了呢？"还有一次，一位职员在买了一份菜后，用手指捏着一条鱼尾巴，把它从盘子里提起来，冲着餐厅负责人喊道："喂，你过来问问这条鱼吧，它身上的肉都上哪儿去啦？"

以幽默话语代替冷漠指责，软中带硬，委婉含蓄地指出餐厅饭菜的质量差。这样既表明了自己的态度，又不失风度，在让餐厅负责人脸上火辣辣的同时，又没伤到他的自尊。

在论辩的时候，选手必须注意语言的分寸。若不想太过强硬，又不愿违背自己的原则，那么采取这种说话方式就不失为一个很有效的方法。

里根在竞选美国总统时，与对手蒙代尔展开电视辩论。当时里根已经73岁了，而蒙代尔才56岁。在辩论中，蒙代尔自诩年轻力壮，竭力攻击里根年岁大，不适合竞选总统。里根是这样回答的："我希望你们知道，我不愿意让年龄成为这次竞选的一个话题。我不会为了政治上的目的，在对手年轻、不成熟这类问题上大做文章。"此话一出，立刻博得了全场的热烈掌声。

面对年轻气盛的蒙代尔的挑衅，里根若是以牙还牙，对其破口大骂，就会有失风度，不能给人以沉稳持重的感觉；若是装聋作哑，不加反击，又会显得机智不足，难以让大家信服。对此，里根依据自己的长处和对方的短处，采用软中带硬的说话策略，以己之长，攻彼之短，使对方搬起石头砸了自己的脚。同时也在观众面前，树立起比对方更能胜任总统一职的形象。

以柔克刚，用"和气"灭掉对方的"火气"

很多时候，我们做的事情未必会符合别人的心意，因此难免要遭到别人的指责。被人指责是一件很痛苦的事，不仅会伤到我们的自尊，还会影响我们做事的积极性。胆小敏感的人可能还会因此陷入窘迫的境地。如果是脾气暴躁的人，可能会因此与对方发生争吵。可是，这都不是最好的应对办法。

在现实生活中，人们普遍存在着"吃软不吃硬"的心态，尤其是那些性格刚烈、特别有主见的人。如果你说话"硬"，他不但不会理睬，可能比你还硬；如果你来"软"的，没准儿他反倒被你感动，不再为难你。

刘丽是某商场的优秀营业员。有一次，她接待了一位女顾客。这位女顾客挑选东西相当挑剔，用了20分钟还没有挑完。这时，又有一个顾客进来买东西，其他营业员也都在忙。刘丽看到这种情况，就赶快走上前去，接待这位新来的顾客。

当刘丽去接待别人时，那位女顾客却不干了。她把脸一沉，大声叫嚷道："你这是什么服务态度？你没看见是我先来的吗？为什么她一进来，就扔下我不管了？"

刘丽感到这指责好没来由，不禁火气直往上冲。可是，作为服务人员，她不能和顾客争吵。于是她深吸一口气，压住心中的怒火，走过去和颜悦色地说："请您原谅，我们店里生意忙，对您的服务不够周到，让您久等了。我服务态度不好，欢迎您多提宝贵意见。"

刘丽以"软"对"硬"，不卑不亢，表面上"似水柔情"，实际上"力胜千钧"。如果不想让对方滔滔不绝地说下去，不想因此和对方发生冲突，那么首先就要"灭火"，让对方无火可发。因此，当有人指责你时，必须学会"以柔克刚"，用"和气"去灭对方的"火气"。那样他就失去了发火的理由，自然就会"降温熄火"。

以硬对硬是处理这类事的大忌。当对方指责你时，一定是充满了火药味，如果你毫不退让，就必然会激起更大的怒火，到时候就不好收场了。因此，面对对方的指责，不要盲目地与对方硬碰硬，尤其是面对比自己地位高的人。

当我们做错事，或不太令人满意的时候，面对别人的指责，尽量不要硬着脖颈，以硬碰硬；我们不妨稍微顺从一下对方，给对方一个台阶下。这样，指责就会结束，我们也不会因此而难堪。如果我们被冤枉，可以私下找对方说明原委。即使一时被误会，也是可以澄清的。

俗话说："一句话能把人说跳，一句话也能把人说笑。"事实上，能把人说"跳"很容易，而要把人说"笑"也不难。一般来说，人人都喜欢说话温和的人，说话温和可以使人感到舒适、心情愉快。因此，面对愤怒的人，我们最好以柔克刚，有时也难免要委屈一下自己。只有这样，才能"四两拨千斤"，最终战胜对方。

顺水推舟，用隐形的反击来化解窘境

虽然没有一个人喜欢"出洋相"，可是这样的事情无处不在，一不小心就会出现在你身上。有时，一个意料不到的刁难、奚落，会让你窘得下不了台。面对突如其来的窘境，无论生气也好、烦恼也罢，都无济于事。而我们要做的就是保持平静，采用顺水推舟的方法，用巧妙的语言回敬对方，使自己摆脱尴尬的困境。

所谓顺水推舟，实际上就是一种隐形的反击。当别人故意奚落、刁难我们的时候，我们不可能无动于衷；倘若在公开场合，恶狠狠地回击对方，向对方发火，倒显得我们没有度量。大多数情况下，奚落语言的外在表现就是和你开玩笑。而顺水推舟，则是以其人之道还治其人之身，把回击隐藏在玩笑式的话语里。这样不但能反击、奚落对方，还可制造出一种幽默的氛围，赢得别人的赞赏。

美国曾有一个名叫凯升的政界要人，他首次在众议院发表演讲时，打扮得土里土气。有一个不怀好意的议员在他演讲时，插嘴挖苦道："这个伊利诺伊州来的人，口袋里一定装满了麦子吧？"这

Chapter7 委婉发泄——每个人都有表达不满的权利

句话引起了哄堂大笑。

然而,凯升并没有因此怯场,而是很坦然地回答说:"是的。我不光口袋里装满了麦子,而且头发里还藏着许多菜籽儿呢。我们住在西部的人,大多数都是土里土气的。但是,我们虽然藏的是麦子和菜籽,却能够长出很好的苗子来!"这句话立刻使凯升的大名传遍了整个美国。大家送给他一个外号——"伊利诺伊州的菜籽议员"。

在这个故事中,面对对方的挖苦和嘲讽,凯升并没有气急败坏,据理力争,而是顺水推舟,巧妙反击。他先顺着对方的话头,说自己"不光口袋里装满了麦子,而且头发里还藏着许多菜籽儿",表明自己彻头彻尾地代表着农业生产者的利益;然后巧言反击,"却能够长出很好的苗子",来了一个大逆转,表明自己虽然来自偏远的地区,但是能在政坛上干出一番大事业,很好地为自己化解了窘境。

有一次,喜剧女演员卡洛·柏妮坐在餐厅里用餐。这时,一位老妇人走向她的餐桌,举起手来摸了摸卡洛的脸庞。当老妇人的手指滑过卡洛的五官时,她带着歉意地说:"我看不出有多好看。"卡洛马上回应道:"省省你的祝福吧,我看起来没多好看。"

素不相识就摸别人的脸庞，这绝对是一种非常无礼的行为。老妇人对卡洛的嫉妒言语，几乎成了一种带有恶意的攻击。可是卡洛并没有发火，她深深地理解喜剧和闹剧的差异。于是她神情自若地采用顺水推舟的方式，先把老妇人带有攻击意味的抚摸讽刺成"祝福"，并请她停止"祝福"，然后坦然承认自己确实没有多好看。既回击了对方的无礼，又进行了自我解嘲。面对粗鲁、蛮横的侵犯，卡洛巧妙地化解了自己的窘境，保住了自己的尊严，同时又不失大度，从而在精神上战胜了对方。

总之，面对别人的刁难和奚落，我们必须采用巧妙的方式予以回应，否则有损我们的人格尊严。倘若能在别人刁难、奚落我们的时候，尚能保持应有的风度，只言片语，巧言反击，令其自寻难堪，才是高明之举。如能保全自己，又能让对方知难而退，那你一定是一个有智慧的人，一定能赢得众人的尊重。

Chapter8

含蓄批评
——会批评可以不伤人

对于任何人来说,批评他人都是一件令人十分难为情的事情。如果在指出他人的错误时,语言过于直白,很容易引起对方的反感,甚至出现反唇相讥的现象。相反,如果能够采取拐弯抹角的方法,委婉、含蓄地提出批评,那么对方就能意识到自己的过错,欣然接受,并乐于改正。

巧妙暗示，激起对方内疚心理

孟子说："人之患，在好为人师。"每个人都能从纠正别人的错误中获得乐趣，这是人之常情。但是被人指出错误，大概没有人会觉得是一件高兴的事情。人生在世难免会有犯错误的时候，可是在批评、指责别人的错误时，往往会伤害别人的自尊心，而且对方也未必会心甘情愿地接受你的意见。如果我们能够采用暗示的办法，让对方意识到自己的错误，激起对方的内疚心理，那么效果往往会比较明显。

苏东坡天资聪明，年轻时读过很多书，书上的字几乎没有他不认识的，再加上文章写得好，因此受到了人们的尊敬和赞扬。在一片称赞声中，苏东坡开始有点儿飘飘然了。有一天，他在自己书房门前题了一副对联："读尽人间书，识遍天下字。"对联贴出后，有的人捧场，有的人喝彩，但更多的人觉得他口出狂言，太不谦虚了。因此，别人对他的印象大打折扣。

有一位长者专程来到苏家，向苏东坡"求教"。他拿出一本书，

Chapter8 含蓄批评——会批评可以不伤人

请苏东坡认一认书上的字。苏东坡看了半天,一个字也不认识,羞得面红耳赤,连连向长者道歉。长者也没有说什么,只是笑着走开了。苏东坡这才感觉到自己门前的对联名不副实,于是立刻在上下联下方各加了一字,对联变成:"读尽人间书好,识遍天下字难。"这件事深深地教育了苏东坡,从此以后他再也不敢骄傲自满了。

在故事中,长者对苏东坡并没有进行直接批评,而是采用了巧妙的暗示,使他意识到了自己的错误,让他产生了内疚的心理,进而改正了错误。

一位百货公司的总经理,为了检查员工的工作,经常会去卖场视察。这一天,他又来到卖场巡视,突然发现有名顾客正在柜台前等待,却没有一名售货员过去服务。而那些售货员都躲在离柜台很远的地方,三个一堆,五个一群,彼此有说有笑的。

这位总经理本想训斥一下这些员工,可是转念一想:在大卖场里训斥员工影响不好。于是他走到柜台前,亲自为那名顾客服务。等到那些售货员看到总经理的时候,一个个都面带愧意,不知所措。服务完之后,总经理并没有说什么,而是意味深长地看了他们一眼,就转身离开了。

事实上,在卖场里出现这样的情况,已经不是一次两次了。这位总经理也曾多次为这样的事情大动肝火，可是收效甚微，那些售货员根本不把他的训斥放在心里。但是这一次，明显比以前的训话要有效得多，在以后很长的一段时间里，总经理再没有看到同样的问题。

批评，对于任何人来说，都是一件很难受的事情。因为它往往意味着放弃自己的尊严，甘心接受任何惩罚，而尊严是每个人最重要的东西。所以，当我们发现别人犯了错误时，千万不要意气用事，口不择言，以免给别人造成难堪的局面。毕竟我们的批评是为了能让对方改正错误，而不是发泄自己心中的怒气。

其实，只要是一个追求上进的人，都是愿意接受别人的批评的。因为批评可以帮助自己减少错误。虽然每个人所能接受批评的方式是不一样的，但是大多数人对直截了当的批评往往都不能接受。所以，我们要学会委婉地暗示，尽量不对他人直接进行批评。

话中有话，让对方主动改正错误

在批评他人的时候，如果不讲究方法，就可能无意间伤害别人的自尊，产生不好的效果。如果能改变说话的方式，巧妙地运用"弦外之音"来暗示他的错处，结果就会是另外一个样子了。

冯玉祥向来提倡廉洁、简朴。在开封时，他不准部下穿绸缎衣服，一见到有穿绸缎的，他就会批评一下。一天，冯玉祥看到一个士兵穿着一双缎子鞋，连忙上前深深地作了一个揖，把那个士兵弄得莫名其妙、呆若木鸡。最后，冯玉祥告诉他说："我并不是给你行礼，只是你的鞋子太漂亮了，我不敢不低头下拜哩！"那个士兵听后，连忙脱下新鞋，光着脚就跑回去了。

冯玉祥并没有直接批评那位士兵，而是通过"弦外之音"批评法，让那个士兵明白自己违反了纪律，主动去改正错误。

在厦门一个著名的大酒楼里，一位外宾吃完最后一道茶点，顺手把一双精美的景泰蓝食筷悄悄地装进了自己的口袋里。

这一举动正好被一位服务小姐看到了。小姐不动声色地迎上前去，双手托着一个装有一双景泰蓝食筷的缎面小匣子，说："您好，先生，我发现您在用餐时，对我国的景泰蓝食筷颇有爱不释手之意。十分感谢您对这种精细工艺品的赏识。为了表达我们的感激之情，经经理批准，我代表本店把这双图案最为精美并且经过严格消毒处理的景泰蓝食筷送给您，并按照本酒店的优惠价格记在您的账簿上，您看如何？"

那位外宾马上就明白了小姐的弦外之音，在表示谢意之后，说自己多喝了几杯，头有点儿发晕，才误将食筷插入口袋里，并非常聪明地借此下台阶说："既然这种食筷不经消毒是不能使用的，那我就'以旧换新'吧！"说着，就把口袋里的食筷取出来，恭敬地放回了餐桌上。然后，接过服务小姐捧给他的小匣子，不失风度地向付款台走去。

中国的景泰蓝工艺堪称世界一绝，这位外宾爱不释手，并想浑水摸鱼，将食筷据为己有，也是情有可原。但如果听之任之，则企业不仅要受损，还会引起连锁反应，造成严重后果。因此，制止是必须的，但不能直言不讳地指责，那样会将对方置于较难堪的境地。严重的话，可能还会造成国际上的不良影响。服务小姐顺水推舟的做法，既保住了客人的面子，又避免了企业遭受不必要的损失。

总之，你一定要明白，每个人都不喜欢直接被人批评，而采用"弦外之音"的批评方式，别人则会乐于接受。因为这种批评方式在不动声色之间就能让对方明白其中的意思，并给被批评者一个思考的余地，让其在不伤自尊的情况下"知错而改"。

幽默式纠错，批评也可以变得很轻松

有位演讲家说过："用幽默的方式说出严肃的命题，比直截了当地提出来更能为人们所接受。"

的确，在现实生活中，我们都有这样的感受：在批评、指正他人的错误时，用幽默风趣的语言提出来，要比直截了当更能为人所接受。因为它能缓解被批评者的紧张情绪，启发被批评者的思考，增进相互之间的情感交流。此外，它不仅能达到教育对方的目的，还能营造一个轻松愉快的气氛。

一个画家去拜访德国著名画家阿道夫·门采尔，向他诉苦："我真的不明白，为什么我画一幅画要用一天的时间，可是卖出去却要等上一年？"门采尔认真地说："请倒过来试试吧，亲爱的！如果你花一年的时间去画它，那么也许只用一天时间就能把它卖掉了。"

门采尔没有去批评这位画家作画时粗制滥造，而是采用了一种建议的方式，用假定的语气委婉地表达了这种批评。特别是用"倒过来试试"这样的俏皮话，把批评的锋芒蕴藏在温和风趣的语气之中。

罗西尼是19世纪意大利的著名作曲家。有一天，有个作曲家拿着一份拼凑的手稿前来请教他。在演奏的过程中，罗西尼不停地脱下帽子又戴上。那位作曲家感到很奇怪，就问他是不是房间里有些热。

罗西尼回答说："不，我有一个见到熟人就脱帽的习惯，在阁下的曲子里，我碰到了那么多的熟人，不得不连连脱帽啊。"

罗西尼巧妙地用"我碰到那么多熟人"来暗示这首曲子缺乏新意，抄袭得太多，含蓄风趣地向对方表明了自己的看法，既没有伤害到对方的自尊，又达到了批评的目的。

有一位化学老师，在课堂上批阅学生们的化学实验报告。他看到一位女学生所画的实验方案很糟糕，便把她叫到身边，调侃说："你看你画的这个烧杯，就像一个手雷似的！你还用酒精加热呢，要是爆炸了，不是要了我的老命吗？"女学生听了，不好意思地笑了。之后，她严格遵循画图程序，并用上了各种画图工具，再也不信手乱画了。

这位老师没有批评她的画图态度，而是用比喻的方式进行提示，语言幽默风趣，自然容易被学生接受。

幽默风趣的语言，不仅能让人感到亲切，还能使气氛变得轻松、活泼。即使是批评，也不会令人那么难堪。因此，在指正别人的时候，不妨采用这种幽默风趣的语言。也许有人会说："可是我不会啊。"我要告诉你的是，幽默不是天生的，是可以培养的。就算再呆板的人，只要努力，都可以变得幽默起来。美国前总统里根以前也不是个幽默的人，在竞选总统的时候，有人给他提出了意见。于是，他就采用了最笨的办法，让自己也变得幽默起来，那就是每天背诵一篇幽默故事。

不过需要注意的是，幽默的批评不是讽刺，更不是挖苦。讽刺别人，只会让人觉得厌恶，甚至会产生对抗的心理。

主动分担错误，有助于对方自我反省

有一位村主任带着村民去修路，在放炮炸石的时候，不小心炸断了一家农户的苹果树。于是，这家主人就揪住村主任不放，让他负责赔偿。村主任看到这种情况，就跟主人商量能不能等路修好以后再赔偿。可是，这家主人不同意，还叫来了好几个兄弟，大伙儿一拥而上，把村主任给打了。

其他群众看到村主任被打了，都感到很生气，要求狠狠整治一下打人者。第二天，召开村民会议，打人的那几个人也觉得理屈，做好了挨批评的准备。可是，令他们没想到的是，还没等他们开口，村主任就先站起来，做了检讨。他说："老少爷们，我刚当村主任没几个月，需要依靠大家的帮扶。要是哪句话我说得不对，哪个任务我安排错了，哪件事我办得不妥，希望大家能帮我指出，我做检讨。"他说了这番话，并没有提被打这回事。

听村主任这么一说，打人的那几个人更觉得愧疚不已，于是就鼓起勇气，当着众多乡亲们的面，向村主任诚恳地道歉："村主任，对不起，你炸石头是为了给全村人铺路。可我们，却为了自家一棵树打了你。我们错了！今天你怎么说，我们就怎么做，我们都听你的！"

经过这件事情以后，村主任在村里的威信得到大大提升，村民们也变得更加团结了，集体的事情总是办得又快又好。

这位村主任原本就没有什么过错，可是他知道，开村民会议时，当着那么多人的面批评他们，他们是很难接受的。因此，他先来了一段自我批评，把过错往自己身上揽。这样一来，反而让那几位打他的人心生愧疚，从而心甘情愿地主动道歉，承认错误。

也许有人不太理解，犯错的是别人，该受批评的也是别人，为什么我们要把错误往自己身上揽呢？要想明白这个问题，我们就要站在被批评者的角度来看问题。如果是你，你是愿意自己一个人挨批评呢，还是跟好几个人一起挨批评呢？相信大多数人都会选择后者。当自己被批评时，如果身边有几个同伴，那就不会感觉那么难堪了，心理上也就不再那么紧张了。因此，当我们率先进行自我批评时，就等于是在告诉被批评者，他不是一个人在受批评，还有我们陪着呢！这样一来，就和他站到了同一条战线上，都成了被批评的对象。这样，对方的心理负担就会小很多，和我们之间的距离感也会大大缩小，因而接受起这个批评来也就容易得多。

有时候我们本身并没有什么过错，只是为了让对方心里更好受一些，就主动把一部分责任揽到自己身上。这样会更加震撼对方的

Chapter8 含蓄批评——会批评可以不伤人

心灵。他们会因此感到惭愧、自责，更会因我们的体贴而勇于改正错误。而且，对于自己的错误或认识不足，他们也会有更深刻的自省与认识，从而积聚起自我批评的勇气。因此，这时被批评者会主动道歉。

为了尽快生产新产品，一家精密机械厂将部分零部件委托给一家小工厂生产。当小厂把半成品拿给总厂看时，没想到全都不符合该厂的要求。由于时间迫在眉睫，总厂的负责人要求他们赶快重新制造，可是小厂认为他是完全按照总厂的规格生产的，不想再重新制造，双方僵持了很久。

总厂厂长看到这种局面，在问清楚事情的原委后，便对小厂的负责人说："我想这件事完全是由于我们公司设计不周所致，并且还让你们吃了亏，真的很抱歉。今天幸好是由于你们的帮忙，才让我们发现竟然还存在着这样的缺点。只是事到如今，事情总是要完成的，你们不妨把它制造得更完美一点，这样对我们双方来说都是有好处的。"小厂负责人听完，欣然答应了。

总厂厂长的话，之所以能说服对方，就在于他先把错误归责到自己公司头上，从而让对方好受一些，没有那么强的抵抗心理。如果只是一味地批评、埋怨对方，那对方就会为了证明自己而不停地辩解，就会致使双方的关系变得更加紧张。

有句话说得好:"当我们伸出食指指责他人的时候,别忘了,其实握紧的另外四个指头是指向自己的。"因此,当我们看到别人有过错,想对其进行批评时,不要忘了问一问自己,是否自己就真的一点儿过错也没有。只有这样,我们才能更好地自省自察,进而实现自我完善。

善用对比法，让对方认识到自己的不足

批评他人时，可采用对比的方法，通过对比让他人认识到自己的不足。很多时候，我们不得不批评他人。可是，为了不挫伤对方的感情，不妨找出另外一个对象，与之进行比较，找出其中与被批评者事由相似或共通之处。然后，用对比的方式，委婉地提出批评，从而使他们认识到自己的错误。

众所周知，为了保持队员的战斗力，中国女排每隔几年就要调换一批队员。然而，每次队伍调整完成后，都会遇到怎么处理新老队员关系的问题。

在一次训练过程中，一位老队员与当时的新二传练战术配合。可是，不是新队员传高了，就是老队员跑快了；要不就是新队员传低了，老队员跑慢了，总是协调不好。眼看原定的训练时间就要结束了，可训练指标还是没有完成，老队员显得有些不耐烦了。在一次扣完球、准备去捡球时，老队员拿起球用脚使劲儿踢了一下，如是再三。这样，新队员的压力就更大了。在接下来的时间里，不管

怎么传，她们就是传不好。

教练看到这种情景，就吹哨让大家停止训练，把她们都叫了过来，对老队员说："你们好好想一想，当年老队员是怎么带你们的。现在，你们自己又是怎么带这些新队员的……"

老队员很快就清醒过来，并调整了自己的情绪。新队员见教练批评老队员，支持自己，也就不再那么紧张了。再继续练球时，新老队员们越传越顺，配合得十分协调。

在排球训练过程中，"老带新"是一种卓有成效的提高技巧的方法。可是"新""老"之间有个配合问题，只有配合默契，协调一致，才能取得较好的效果。在"新""老"队员配合不好的情况下，要注意顺势利导，充分地调动老队员的积极性，而关键就在于不能伤了她们的感情。显然，教练已经意识到了这一点。他并没有直接批评那些老队员，而是采用对比的方法去启发她们，让她们认识到自己的错误。这样比直接批评要委婉许多。

"有比较才有差别"，运用对比的方法，让双方的差别更加突出，从而使被批评者认识到自己的不足，产生更深刻的印象，自我觉悟，自我剖析，端正态度，并赶紧迎头赶上。

因此，在批评他人的时候，要善于运用对比的方法，在比较中说明问题，阐明观点，增强说服力。

Chapter9
学会反击
——一味忍让只会带来更大的伤害

人们在交往过程中,经常会碰到一些人提出一些刁钻问题,或者不能直接回答的敏感问题来为难自己。如果对此不予理睬,自己内心就会徒增烦恼,对方还可能会变本加厉。这时,我们可以采用迂回的策略,用委婉的话语来回答。这样,既不让自己难堪,又维护了自己的尊严,保持了自己的风度。

假装糊涂，巧妙地摆脱对方的纠缠

在社会交往中，我们常常会碰到一些敏感的问题。提问者一般不直接就问题的本质提出质疑，而是从平常的事物着手，旁敲侧击地进行诱导性询问。这个时候，你不妨假装不明白对方的用意，故意从特别肤浅的层次上曲解其问话，并把这种曲解强加给对方，让对方知道你有意曲解，事实上是在委婉地表达抗议和回避，从而提醒对方识趣地放弃追问和纠缠。事实上，曾有很多名人都擅于用这个办法来回答对方的问题。

在一次记者招待会上，一位外国记者别有用心地问王蒙："请问，20世纪50年代的你与20世纪80年代的你有何相同与不同？"只见他不慌不忙地抬起头，从容不迫地回答道："20世纪50年代的我叫王蒙，20世纪80年代的我也叫王蒙，这是相同之处；不同的是，那时我20来岁，而现在我则有50多岁了。"

王蒙知道，外国记者是想借机让他谈一谈对中国国内形势的改变有何看法，可这些一时半会儿也讲不清楚，所以他就故意假装糊涂，曲解对方的本意，从自己的姓名和年龄上做出回答，让对方啼笑皆非，自动退却。这样的回答，虽然算不上错，可实际上跟没回答没有任何区别。

有一次，乾隆皇帝突然问了大臣刘墉一个怪问题："京城一共有多少人？"刘墉虽猝不及防，却十分冷静，立即回了一句："只有两人。"乾隆问："此话何意？"刘墉答道："人再多，其实只有男女两种，岂不是只有两人？"乾隆又问："今年京城里有几人出生，几人去世？"刘墉回答："只有一人出生，却有十二人去世。"乾隆问："此话怎讲？"刘墉妙答："今年出生的人再多，也都是一个属相，岂不是只出生一人？今年去世的人则是十二种属相皆有，岂不是死去十二人？"乾隆听了大笑，深以为然。

的确，刘墉的回答非常巧妙。皇上发问，不回答不行；可要是真回答，心中没数，又不能乱说。刘墉这才急中生智，趣对皇上。这也叫作"所答非所问"。

在千变万化的生活中，可能会碰到各种各样的怪问题。而对付这些怪问题的最佳方案就是装糊涂，利用语言的多义性做出迅速灵巧的变通，千万不要被这些怪问题纠缠而陷入被动。而这种灵活的变通，自然也将助你走出困境，摆脱别人的纠缠。

转移话题,摆脱尴尬被动局面

在日常生活和工作中,我们总会遇到一些令人尴尬的话题。此时,如果回答"不能告诉你",就显得自己粗俗无礼;如果套用外交用语,直接回答"无可奉告",又会让提问者感到不快与愤慨。

那么,怎样才能巧妙地拒绝对方,又不会使自己陷入难堪的境地呢?这时,不妨采取"转移话题"的方法,让对方处于被动的位置,从而改变对方的意图,最终达到拒绝的目的。

作家谌容在访美期间,有一次应邀到某大学做演讲。大学生提出了各种各样的问题,她都给予直率而坦诚的答复。

当时,有一个大学生问道:"听说您至今还不是中国共产党党员,请问您与中国共产党的私人感情如何?"很显然,提这样的问题是别有用心的,回答不好会使人处于尴尬的境地。

谌容笑了笑,说道:"你的情报很准确,我确实还不是中国共产党党员。但是,我的丈夫是个老共产党员,而我们共同生活了几十年,尚未有离婚的迹象。可见,我同中国共产党的感情有多深。"

谌容巧妙而又得体的回答，赢得了台下一片热烈的掌声。

如果对方提出的问题是你不能回答或不想回答的，你也可以利用其他因素巧妙地转移话题，以此来控制局面。

在一次小型的联欢会上，观众席上有个女子突然问一位女明星："听说您的出场费很高，一场至少要1万元，是吗？"

女明星回答道："你的问题提得有些突然，请问你是哪个单位的？"

女子回答道："我是上海一个电器经销公司的。"

女明星问："那请问你们经营什么产品呢？"

女子回答道："有电视机、电冰箱、空调……"

"那一台电视机多少钱？"女明星又问。

"我们那儿的电视机都是4000元以上的。"女子回答。

"如果有人出400元，你卖吗？"女明星再问。

"当然不能卖，每种商品的价格都是由它的价值决定的。"女子特别干脆地回答道。

"那就对了，演员的价值是由观众决定的。"女明星微笑着从容地说出答案。

那个女子问的问题是"出场费至少要1万元是不是真的"，可对于那位女明星来说，这实在不便于直接回答，于是就岔开话题，谈到电器经营，由电视机的价值最后引出"演员的价值是由观众决定的"。这样既回避了正面作答，又没给对方留下答非所问的印象，并使交际气氛变得轻松而和谐。假如这位女明星没有转移话题，而是拒而不答，很可能会把现场的气氛弄得异常紧张，甚至不欢而散。

因此与别人交谈时，在遇到一些自己不愿意回答的问题，或一些尴尬的场面时，你可以顾左右而言他，巧妙地转移话题。不过，要注意以下两点：第一，转移要自然，即转换的话题要与原来的话题连得上、说得通；第二，转移要及时，即在对方的话题尚未充分展开前，就以新的话题取而代之，偏离原来的话题，将对方的注意力转移到新话题上。

巧用比喻法,让反击有理有节

在社交过程中,面对别人提出的刁钻问题,如果无法直接回答,你可以巧妙地运用比喻的论辩方法,以阐述自己的观点。采用这种方法,不但能使抽象的事物具体化,使深奥的道理浅显化,而且能增强说理论辩的形象性、逻辑性和说服力,同时启发人们丰富的联想。

一位英国贵夫人问一位中国官员:"听说贵国的男女都是凭媒妁之言,双方没经过恋爱就结成夫妻的,那样会造成很多悲剧吧?像我们,都是经过长期的恋爱,彼此有了深刻的了解后才结婚,这样多美满啊!"

这是一个很难论述清楚的问题,它涉及我国几千年的婚姻文化、传统习俗,并且时间上也不便于深入论辩。

于是,该官员笑着回答说:"这好比是两壶水,我们的一壶是冷水,放在炉子上逐渐热起来,到后来沸腾了。所以,中国夫妻间的感情起初很冷淡,可后来慢慢就会好起来,因此很少有离婚的事件。而你们就像一壶沸腾的开水,结婚后就逐渐冷却下来了。听说英国的离婚案件比较多,莫非就是这个原因?"

这是多么生动精辟的比喻。只此一言,就把两国的婚姻文化差异表述得清清楚楚。比喻手法的运用使深奥复杂的社会问题变得简单明了。相信那位英国贵夫人很难再找到反驳的言辞。

"金无足赤,人无完人。"每个人都有自己的缺点或缺陷,这些都是人们心中的痛处。当有人针对你的这些痛处大做文章时,如果勃然大怒,只会痛上加痛,正中了那些不怀好意者的圈套。这时,可以运用比喻的方法进行有理有据地反击,这样不但会赢得大家的敬佩,还能使攻击者无地自容。

园园平时说话总是不顾及别人的感受,所以经常和同学发生争吵,闹得很不愉快。有一天,隔壁班的杉杉过来找园园的同桌。园园见杉杉的皮肤黑,就笑话她说:"哎哟,我还以为是钻烟囱的人来到我们教室了呢,你可千万别吃黑巧克力,免得咬到了手指。"说完自己就笑了起来。杉杉很生气,但又不好发脾气。她看到园园脸上有斑点,还长了几颗小痘痘,便灵机一动说:"没办法,我太阳晒得太多。哪里比得上你皮肤白似雪,脸上还天女散花啊!"同学们听了都哈哈大笑。园园的脸上红一阵白一阵,再也不吱声了。

Chapter9 学会反击——一味忍让只会带来更大的伤害

杉杉的反应非常敏捷。她首先坦然地承认自己皮肤黑，然后夸赞园园的优点，接着话锋一转将矛头指向园园的缺点，让园园自讨没趣。由于杉杉运用了比喻的方法，含蓄幽默地点出了园园脸上的缺陷，回击得比较委婉，一下子把园园弄得哭笑不得，只能自己生闷气。

用类比推理法,让对方知难而退

在交际场合中,有些别有用心的人可能会故意让我们难堪。这时,如果大发雷霆、反唇相讥,就会显得我们特别没有风度,而且还会让场面陷入僵局,更加难以收拾。在这种情况下,我们应该从容应对,巧妙地反驳。那样,不仅能批驳对方,还可改变自己被动的局面。

从前,有一个财主听到老乡们都夸阿凡染布染得好,心里很不高兴,就想去刁难刁难阿凡。有一天,这个财主带着一匹布来到阿凡的染坊,一进门就大声嚷道:"来,阿凡,给我把这匹布好好染一染,让我看看你的手艺。"阿凡问道:"你要什么颜色呀?"财主说:"我要染的颜色普通极了。它不是红的,不是绿的,不是白的,不是黑的,不是青的,不是蓝的,也不是紫的。你明白了吧?"阿凡答道:"明白了,明白了!我照你的意思染就是了。"财主惊诧地问道:"什么,你能染?那我哪一天来取呢?"阿凡说:"您就到那一天来取吧。"财主问:"哪天呢?"阿凡说:"那一天不是星期一，不是星期二，也不是星期三和星期四，也不是星期五和星期六，连星期天也不是。您到那一天来取就是了！"

显然，财主所提的要求是很荒谬的，因为颜色总是具体的，不具备任何色彩特性的颜色是不存在的。不过，如果以上述理由来反驳，一定会遭到财主的讽刺和训斥。所以，阿凡并没有这样做，而是变换了个角度，按照财主说话的方式，答应染布并叫他到"那一天"来取布。这个日子排除了周一到周日，也是根本不存在的。简言之，就是用根本不存在的"那一天"来反驳同样不存在的"那种颜色"。从逻辑上来讲，这就是类比推理。

有时候，面对一个错误的推理或结论，从正面反驳可能无济于事，这时不妨用另外一个类似且明显错误的推理来达到批驳的目的，没准儿效果反倒会更好。这种错误的推理具有很强的荒诞性，会让人们在笑声中明确是非，迫使对方知难而退。推理越具有荒诞性，说出来的话就越具有幽默感。

一个吝啬的老板，让他的伙计去买酒，却不给伙计钱。伙计就问："老板，没有钱怎么买酒呀？"老板告诉他说："拿着钱去买酒，这是谁都能办到的事情，如果不花钱也能买到酒，那才是有能耐的人。"

伙计没办法，只好走了出去。没过一会儿，伙计就提着空瓶回来了。老板非常恼火,骂道:"没酒,你让我喝什么?"

伙计不慌不忙地回答说:"从有酒的瓶子里喝到酒,这是谁都能办到的事情,如果能从空瓶子里喝到酒,那才是真正有能耐的人。"

伙计以其人之道还治其人之身,将"不花钱买酒"与"从空瓶里喝酒"进行类比,从而使老板无言以对。

有一次,宫廷厨师煮的馄饨没有煮熟。皇帝很生气,就命人把那个厨师打入了大牢。没过多久,在一次演员演节目时,两个演员扮成读书人的模样,互相询问对方的生日时辰。一个人说是"甲子生",另一个人说是"丙子生"。这时又有一个演员马上跑到皇帝面前,控告说:"皇上,这两个人都应该下大狱。"皇帝觉得很蹊跷,就问为什么。于是,这个演员说:"'饺子''饼子'都是生的,不是与那个馄饨没煮熟的人同罪吗?"皇帝一听大笑起来,明白了他们的用意,就赦免了那个厨师。

演员们借用皇帝"馄饨生就该下大狱"这个前提,演绎出了一个错误的结论,即是"生"就该下大狱,所以"甲子生""丙子生"也该下大狱。显然,这是非常荒诞不经、引人发笑的。

小故事中,演员的类比推理语言委婉,表达含蓄,令人忍俊不禁,又富有启发意义,引人深思。

Chapter10
无声胜有声
——说不出口的话用肢体语言来代替

有心理学家通过研究发现，人们在面对面进行交流时，有55%以上的信息是通过肢体语言来传递的。因此可以说，肢体语言在人际沟通中所发挥的作用是口头语言无法替代的。有时，它在无声中传递的效果，甚至比口头语言更强烈。

拒绝可以有多种表达方式

表达拒绝，并不只能依靠会话。身体的动作也可以表示拒绝。比如摇头，便是最为常见的拒绝动作。有理论分析指出，当新生儿吮吸了足够的奶水后，他就会左右摇摆脑袋，以此抗拒母亲的乳房。幼儿在吃饱了以后，也会用摇头的动作来拒绝长辈们喂食的调羹。人们在很小的时候，就会使用摇头来表达拒绝。由此可见，拒绝的身体语言，其实比口头语言更早出现。当然，拒绝的身体语言绝不只是摇头。在拒绝的时候，如果能够适当地采用肢体语言，便可以增强拒绝的效用。下面为大家介绍几种有效的拒绝姿态和动作。

其一，正襟危坐，挺直腰身。在动物的世界里，我们看到狗、猫或猴子等动物打架的时候，全身的体毛都会竖立起来，膨胀的毛发使得它们的样子看起来很庞大。为什么它们会这样做呢？其实答案很简单，因为它们要把自己的身体弄得看起来很大，目的就是营造一种更加强大的气势，以便威吓敌人。事实上，人的一些行为，有时也会表现出与此相同的情形。

通过人类与其他动物的行动对比，可以帮助我们理解身体语言。比如人与人打架时，面对面的两人，总是无意识中耸起肩膀，张肘使劲。这种方式的目的，与那些动物竖起毛发的目的是一样的，也是为了让自己看起来更高大，同样是为了展示气势。

一位西装店老板说，他的顾客十之八九都要求不要把西装的尺寸做得太合身，而要做宽松一点。这样做不是为了穿着舒服，而是为了显得自己的体型更壮大一些。我们常看到一些把外套搭挂在肩上走路的小伙子，摆开两只手走路，动作幅度挺大，其实这也是努力想把自己显得高大的一种表现。

显得高大的身体，能够给人更加沉重的压迫感。这可以很好地对人心施加影响。对于拒绝而言，也是十分有利的。胖子要拒绝瘦子往往会比较容易些，而瘦子要反抗胖子，在观感上来说，会给人一种蚍蜉撼树、自不量力的感觉。所以，要说"不"时，畏缩身体是不智之举，应该尽量摆出高大的架势——如果你的身形不够高大，那么你要尽量地正襟危坐，挺直你的腰身。这会帮助你更好地说"不"，增加你拒绝的气势。另外，要特别说明的是，傲慢的动作如高昂脑袋，也可以运用于拒绝中，同样可以增强拒绝的效果。

其二，紧张与放松交替，松弛有度。在电视新闻发布会的现场，观看主席台上的人的动作，你会发现，他们不断地交替变换身体姿态，特别是在发言的时候，有时是放松地背靠椅子，有时则眼神严厉地挺身出去，特别是面对敏感问题，被迫答辩时，言辞闪烁，动作变换也会特别频繁，因为这样显得气势逼人。

这种松弛有度的动作，已经成为闪躲对方攻击的有力武器，在心理学上广为人知。根据美国的精神医学者阿尔巴德·谢弗林博士的研究获知，当一个人把放松的态度和认真的态度交替重复时，会使对方无从理解你的肢体语言，以致失去说服你的线索。

比如，最初采取所谓倨傲自大态度的开放性姿势，脚伸到前面去，两手在头部后面交叠，这是代表性姿势。接着，过了一会儿之后，挺直背部，身体向前微微探出，做倾听状，面对对方。

这一连续的动作会影响对话人的注意力，导致对方目标丧失。第一个姿势是放松的，会让人觉得自己的话无趣；第二个姿势是紧张的，会让人觉得自己的话有趣。重复变换姿势，就会让对方不知道你的兴趣在哪里。

在拒绝过程中，如果你能够不断使用这种变换的动作，便可以在不知不觉的情况下消磨掉对方继续说下去的信心，化解对方的气势，让你的拒绝更加有力。

其三，双手交叉在胸前、两脚重叠。观察地铁座位上的乘客时，常会看到一些人双手交叉在胸前，两脚重叠。他们那种拒人于千里之外的表情，让人们都不好意思站在他们的面前。这个动作在日常生活中经常可见。照达尔文的说法，似乎这种姿势在全世界都是表示防卫。我们常常见到老师们摆出这种姿态，特别是在同事中间更常见到，医生在同行中也爱做出这样的姿态。小孩在反抗父母的说教时，也会这样。这似乎是对料想到的攻击所采取的一种警诫措施，或表示个人立场的坚定不移，拒绝接受他人对自己的改变。在谈判的过程中，很多人都会采取双手抱胸的姿态，表示自己拒绝妥协的态度。如果你要表达拒绝，或坚持自己立场的时候，也可以将你的双手环抱，置于胸前，那样会让你气势倍增。

其四，腿部动作表达拒绝和反对。孩子想要出去玩，但是被父母阻止了。"你应该预习功课。"父母对他说。"可是我看书看了很久，我想出去玩一会儿……"孩子哀求道。当父母决绝地表达了自己的意思后，无力反抗的孩子只好回到书房里继续学习。过了一会儿，书房里传来敲打地面的声音。"你在做什么？"父母打开书房的门，对孩子说。只见孩子用脚跺了跺地面，说："没什么，鞋子好像有点儿不合适了。"

虽然孩子没有说出心中的不满，但是他的双脚已经很明显地表达出他内心的愤怒。腿部动作在表达愤怒的情绪方面，除了跺脚的动作之外，还有踢东西的动作。人们常常会用踢的动作来表达自己内心愤懑不平、抑郁不欢的情绪。另外，来回走动的动作除了表示紧张、焦虑和不安之外，有时也会在愤怒的情绪当中出现。

如果对方不想说话，对于你的观点不表示反对，而你却看到对方有微微跺脚的动作，那么说明对方内心对你的观点其实是不同意的，但他可能由于某方面的原因，不愿将反对的意见说出来。然而，他的腿部却不受控制地表达出了内心深处的抗议。

当我们焦虑的时候会来回走动，当我们生气的时候会跺脚或踢东西，当我们想要逃跑的时候腿脚会往后退缩，并且脚微微移动朝向最近的出口，等等。这些腿部的动作似乎给我们这样的一种感觉，每一种情绪都有与之相对应的腿部动作。

其五，把玩身边的东西。据说索尼的董事长井深大，当他对对方的话不再感兴趣时，便会不慌不忙地摊开报纸来看，这是相当露骨的拒绝做法。有一位评论家，每逢有自己不喜欢的访客到来，他就会一边说话，一边整理自己的名片，这样的动作往往会使对方失去聊下去的兴趣，而选择离开。不过，也有不少访客根本不受他动作的干扰，坚持不走。碰到这样的人，他就开始解周刊杂志的猜谜，想一会儿，写一会儿。对方见此，通常就不得不知难而退了。

其六，设置闹表，限定谈话时间。有位公司老板拒绝他人拜访，常常会事先在闹表上给自己定下一个时间。由于有一份闹铃一响谈话便可结束的安心感，故能热心倾听对方的话。不一会儿，期待的铃声响了，他就会不胜遗憾说："哦，已经到时间了。我要去……"这样一来，访谈就可以结束了。

除了上述的几种动作技巧之外，还有诸如表情动作，也可以说"不"。多数人习惯用撇嘴、耸鼻子、皱眉头等表情来表达自己对事物的厌恶和拒绝。在沟通时，也可以采用这些动作增强自己的拒绝力。有些拒绝动作属于本能反应，有些则需要我们自行学习和训练。

用躲避的眼神表明拒绝的态度

眼睛是心灵的窗户，善于传情达意。在沟通的过程中，人们通常会采取积极的眼神交流。相信很多人都接受过这样的礼仪教育：跟别人交流的时候一定要看着对方的眼睛，这样做一方面是一种尊重，另一方面也方便情感的交流。

有一名推销员刚参加工作时，不太注意这方面的事情，因此业绩并不好。有一位顾客来到店里买车，他向顾客详细地推荐了一款车，在马上就要签单的时候，顾客却掉头走了。推销员很疑惑：我什么地方得罪了他吗？他很想弄明白这个问题，于是便冒昧地打电话过去，问那名顾客为什么改变主意。

那名顾客也很坦率："年轻人啊，你很不专心，我觉得你似乎并不在意你所卖的车。你看起来似乎很了解它们，但是你在和我讲车的时候，还在跟另一位同事聊昨天晚上的球赛。我想你其实正在用胡言乱语敷衍我。我不敢确定你所说的话是真的，也许那都是你临时起意，编造的花言巧语罢了。"

事实证明，缺乏眼神交流，不利于沟通。如果你想让人接受，就要积极地与人展开眼神的交流。相反，如果你需要拒绝，则要尽量避免眼神交流。躲避对方的眼神，这看起来似乎是一种不好意思的习惯性动作。而事实上，它更多表明的是一种拒绝的态度。

两眼相对，意味着双方之间有积极的交流并相互接受。这件事对拒绝来说具有重要意义。想说服的一方当然热心地看着你的眼睛寻求碰上你的视线。他想透过眼睛把自己的要求送入你的心中。注视往往代表着热心，能够加强说服的力度。你也可能会因为对方饱含深情的眼睛而动容，最终接受对方的谈话内容。

所以，如果你要说"不"，就尽量不要对上对方的眼睛。有沟通大师认为，最难交谈的对手就是不看对方眼睛的人。对于这样的对手，你从头到尾会觉得好像做着什么对不起他的事，这样一来，交流也无法持久。

你如果想要尽快结束谈话，可以避开对方的视线或低下眼睛，来诱导对方的视线移开，接着自然而然就躲开了交谈。有的人或许使用过这样的方法，结束不愿听的冗长的牢骚话。这种视线游移，可以表示心不在焉。很显然，这会让说话者失去诉说的兴致。

根据一些研究人员观测，人在遭遇视线碰撞的过程中，会产生紧张的心理。这样的紧张会衍化成两种不同的情况：要么变得积极、热情，要么变得不安、焦虑。

仔细观察生活中一些现象，就会发现确实如此。在餐厅吃饭的时候，一个正在吃饭的人，无意间对上邻座一个滔滔不绝的客人的视线之后，这名客人的动作就会在突然间变得生硬起来。这是视线碰撞导致紧张，而衍化成不安的情绪反应。

平时说话滔滔不绝的人，一旦站在人群面前，说话就结结巴巴。有些人平时说话不多，站在讲台上却激情四射，口沫横飞，讲起话来特别有力量。

这些例子告诉我们，一个人只要意识到别人的视线锁定在自己身上，就会有紧张感，可能导致不安情状，也有可能导致积极情状。

站在舞台上的人，和无数人的眼神对撞，如果情绪调节不善，便会因为紧张而陷入不安当中。经过学习和训练、调整，可以让人消除和转化这种不安，但是紧张的情绪则不容易消除。基于此，在拒绝时，你可以多用闪烁性的眼神，时不时地与对方的视线对撞。但一定要注意，在视线碰撞中，不要被对方的眼神吸引住，形成注视。因为注视会激励和鼓舞对方说话，那样的话，你将面对对方的滔滔不绝，变得疲于应付。

所有人有意向与人交流时，都会习惯寻找对方的眼神，就好像植物寻找太阳的光线一样，目的就在于更加顺利地交流。如果眼神游移、闪躲，则会让人失去焦点，很难专心交流。所以面对面坐时，把自己的视线移到对方的视线之外，是击退对手的方法。为了避免注视对方，以致被迷住，你要尽量地让自己的眼神飘移变得自然些。

若你有足够的理由拒绝对方，那么你可以用坦然的眼神看着对方，说出你拒绝对方的缘由。然而，如果你找不到更好的理由来拒绝，则可以躲避对方的眼神。对方从你的闪烁眼神中，就可以看出你的态度。

眼神的游移和闪烁，表达内心的不确定性和羞愧，这种眼神也可以为我们下面要说出来的拒绝话语做预热。当对方看到你的眼神不定的时候，他的心中通常都会产生不妙的感受，这种预热可以让对方很好地接受接下来的拒绝，这样也就没那么尴尬了。有的时候，甚至不需要将拒绝的话挑明，仅仅飘移不定的眼神，就能让对方不好意思将要求说出来。

当然，也有人没有那么知趣，他可能明知道你的这种动作背后的意思，却故作不知，继续向你提出要求，这时，你可以将拒绝挑明。

你如果无法避免眼神的交流，可以用无可奈何的笑容来表示拒绝，实际上这种办法比躲避对方的眼神要好一些，至少这会让对方感受到你的真诚。但是这种办法的缺点也很明显，它会让对方觉得你有意帮忙，却因为某些原因无能为力，因而向你提出其他请求。

躲避对方的目光，用于拒绝之中，还有一点好处，就是让你更加顺利地将"不"说出来。你可能有过这样的困扰：在对方灼热的目光下，你发现自己突然失去了所有的勇气，"不"就在嘴边，可偏偏说不出来。这就意味着在视线碰撞中，你容易落入下风，你的紧张感没有变成积极的态度，为你增加拒绝的气势，反而变成了焦虑和不安，这显然不利于你的拒绝。

被人盯住，难以开口说"不"，怎么办呢？这个时候，你可以站起来走动，或者转身去做其他事情，或拿一个东西，背过脸去，这样"不"就容易说出来了。比如一面递茶给客人，一面从背后或旁边开口说："那件事实在有点……"

其实生活中我们都有类似的习惯性动作，目的就是避免视线碰撞不利于拒绝，只是我们没有注意罢了。我们常常习惯于从别人背后冒出来，拍对方的肩膀说："明天不能去你那里，真抱歉……"我们发现这样拒绝不但很容易说出口，也能避免强烈的视线碰撞而造成不快的感觉。

给对方制造一种不舒服的感觉

如果你觉得拒绝有些不好说出口,不妨采取一些特别的做法,让对方感觉不舒服,从而迫使对方提前离开。众所周知,在与人的交谈过程中,人们接触最为紧密的东西,通常就是屁股下面的椅子,除非你们对话时是站着的,否则我们不可避免要接触椅子。那么要表达拒绝的时候,何不在椅子上做一点文章呢?

据说有家咖啡店的老板总结出一个原则:店中的椅子不宜太软,要稍微硬一点。因为太软了,坐起来很舒服,客人坐的时间就会延长,这样始终占着座位,人员流动性不够,就会影响收益。

美国连锁酒店之王康拉德·希尔顿也曾经表示:"不要让顾客坐太软的椅子。"如果在饭店的大厅摆一些柔软的椅子,客人坐着太舒服,就会待在那里闲聊、看书、玩游戏,却不会为久占位置而支付更多的钱。这样他们始终不离开,那么后来的客人就会因为没有位置而离去,这无疑会减少收入。所以大厅的椅子要稍微硬一点,餐厅的椅子要稍微软一点,这样就把客人从大厅"赶入"能够赚钱的餐厅去了。

学校教室里绝对没有那种软绵绵坐起来非常舒服的椅子。在职训练用的椅子，也是最常见的那种木头做的长凳子。这些硬板凳的使用，都在一定程度上对坐的人发出警告："你不是来这里休息的，事情完了，就赶紧走吧。难道你不觉得这么硬的凳子硌得屁股不舒服吗？"

硬椅子、冷板凳命令我们先收起自己的主张，要谦虚地倾听老师的话，保持一种紧张而认真的态度。而如果换成了绵软的椅子，坐上去很舒服，人就会变得放松和懒散起来，这样对老师的话就会变得不太在意了。

由此可见，让人坐硬椅子、冷板凳，可以让人不舒服，从而有效地促使对方尽快离开。这对于需要拒绝的人来说，自然是求之不得的事情。因此，如果你想要尽早地结束交谈，与其用言语下逐客令，倒不如让对方的屁股受苦，无言中传送你拒绝的意思，这样可以避免尴尬。

如果你让一个推销员坐在柔软的沙发上，你就要做好长聊的准备，因为坐着舒服，对方会变得不愿意起身。即便你下了逐客令，可能对方还会对舒服的沙发恋恋不舍。这样的话，谈话的时间就会延长。如果对方坐久了，说不定什么时候用什么方法就会说服你。

所以，为了尽早让对方离去，更有效地表达拒绝，就要让对方感到不舒服，这样可以更快地结束会话。除了让对方坐硬椅子、冷板凳之外，我们还可以让对方处于广大空间的正中央位置。

想一下乘坐地铁的情景,回答这样一个问题:进入空空荡荡的地铁,人们最先选择的位置在哪里呢?根据调查资料显示:绝大多数的人都会选择角落处的位置,除非那里已经坐满,才不得不选择中间的位置。到咖啡店、饭馆等地方去,也会发生同样的情况,人们不会一下子就坐到中央的位置,而是先选择靠近墙壁、屏风或窗口的位置,如此依次坐满。考虑到人们选择位置的这种心理,饭馆、咖啡店摆放桌椅,也都倾向于顺着墙壁或屏风布置。

为什么会这样呢?这是由于角落之类的地方有更牢固、更坚实的墙壁为依靠,可以随时触摸到,这会给人一种安全感。远离墙壁,就会增加不安的感觉。这就好像出海的人们所感受的那样,从不动的大地驶向大海,离开海岸越远,乘客们的内心就会越不安。特别是初次出海的人,心中很紧张。处于海中孤岛的人,因缺乏安全感和稳定的感受,会特别渴望陆地。广大空间的正中央,对人来说,是个很不自在的场所。处于这样的位置,就会产生类似的孤岛心理。

生物领域中有类似的情况,即使给动物更加广阔自由的空间,它们构建巢穴的时候,也多会选择角落位置,就算在树上构巢,也是枝丫的位置(同样是一种角落)。而且这些动物移动时通常也不走最短的直线,而多沿着墙边走。这其实同样是出于安全感的需求。无论是人还是动物,都在追求能够依靠和栖止的避难所。因此,在拒绝的过程中,你想让对方不舒服,就可以安排他坐到广阔空间里中央的位置上，那么他的感受就会像被审讯的犯人那样，变得特别焦虑。

另外，我们还可以通过换装来影响别人的心情，让人不舒服，以增强拒绝的效果。常言道，"人靠衣装马靠鞍"。穿着整洁，会让人心情愉快，且更加原意接近你；反之，穿着寒酸、邋遢，就会让人远离你。如果你想向某个人表达拒绝，就可以穿一件让对方不舒服的衣服。

关于服装给人的印象，美国的心理学家雷奥纳德·比克曼做过一项饶有趣味的实验：他在纽约市甘迪机场的公用电话亭内的架子上，放了一枚一角的硬币，只要进入电话亭，这枚硬币就会映入眼帘。

然后他就在离电话亭不远的地方观察，每当看见有人进入电话亭中打电话，他就会跑过去敲门问："我忘记带走一角钱，不知道在不在里面？"

结果是这样的：如果他穿着整齐的时候，对方交还硬币的比率是88%；如果他穿着邋遢时跑去问，对方交还的比率只有77%。

比克曼说："当问话的人穿着整齐，人们会更加热情和友好。而对于穿着邋遢的人，人们就会产生厌恶和鄙夷的感情，从而不想与之发生瓜葛，也不仔细想对方究竟在问什么，就会在刹那间脱口拒绝之，将之赶走。"

也就是说，正因为穿的是社会难以接受的服装，所以拒绝变得自然了。利用人们这种凭衣服取人的习惯，我们可以很好地表达自己的拒绝之意。比如，当你在工厂里要拒绝同事的委托时，最好换上私装。因为同样的工作服，会让对方产生伙伴意识，让人感觉舒服，这样拒绝起来就比较困难。换上私装，突出自己的个性，这样更有利于拒绝和反驳。

有个年轻人念完大学，进入某公司服务后，一个同事倚老卖老，总是教训他，这让他很反感。他一度想过顶撞对方，可对方总以对待"天真幼稚的年轻人"的态度轻视他。因此他就想了一个计策，穿上有色衬衫或戴华丽的领带出席会议，结果这个战术奏效了。平日唠叨不停的同事，静默下来了。而这时，年轻人提出自己的反驳意见时，也变得更加顺畅了。

中年人通常认为年轻人华丽的穿着是对上一代的拒绝。穿上个性张扬的衣服，就会让老一辈的人产生这样的看法："穿着这种服装的年轻人，个性必然是叛逆的，难怪会说出这样的反对意见，否定一切。"

当对方对你产生"难怪如此"的想法时，就表明对方承认了你拒绝的合理性，自然也表明你的拒绝成功了。